KB068565

페미니즘의 민낯

그럴듯한 가면 뒤에 숨겨진 페미니즘의 실체

페미니즘의 민낯

초판 1쇄 발행 2022. 8. 3.

지은이 현숙경
펴낸이 김병호
발행처 주식회사 바른북스

편집 김주영
디자인 이로울리 디자인

출판등록 2019년 4월 3일 제 2019-000040호
주소 서울 성동구 성수이로 70, 5층(성수동2가, 성화빌딩)
전화 070-7857-9719 | **팩스** 070-7610-9820

• 바른북스는 여러분의 다양한 아이디어와 원고 투고를 설레는 마음으로 기다리고 있습니다.

이메일 barunbooks21@naver.com | **홈페이지** www.barunbooks.com

값 15,000원
ISBN 979-11-6545-807-2 03330

그럴듯한 가면 뒤에 숨겨진 페미니즘의 실체

FEMI
페미니즘의 민낯
NISM

현숙경
지음

남녀갈등을 넘어
조화와 상생을 위하여

바른북스

추천사

우리는 지금 체제전쟁의 한복판에 서 있습니다. 이 전쟁은 분단 이후의 남북 간의 체제전쟁만을 의미하는 것이 아닙니다. 헌법상 국민의 자유를 법률로써 침해하는 포괄적 차별금지법(혹은 평등법)이나, 가정형성을 막아 국가 존립을 흔드는 저출산 문제 등의 사회적 문제들은 모두 '문화를 바꾸어 사람들의 인식변혁을 통한 체제전복'이란 목적을 가지고 있습니다. 그리고 이 문제들의 배후에는 페미니즘이 교묘하게 숨어 있습니다. 이 편향되고 왜곡된 이념이 피땀 흘려 일군 우리나라를 병들게 하고 있습니다.

남녀 갈등이 더 심해지고 가정의 근간이 흔들이는 이 위기의 때에 시의적절하게 페미니즘의 문제점을 지적하는 책을 집필하신 현숙경 교수님의 노고에 감사드리며, 모쪼록 이 책을 통해 페미니즘의 실체를 우리 모두가 파악하고 함께 대응해 나가기를 바랍니다.

김승규 변호사
전 법무부 장관, 국정원장

저는 우리나라 여성운동의 태동기 때부터 이 땅의 워킹맘으로 살아오면서, 또한 행정부 내에서 여성문제와 복지문제를 직접 담당하면서 여성의 인권 신장을 위하여 직접 일선에서 뛰었습니다. 그런데 그때 저는 잘 몰랐습니다. 여성운동의 방향이 이처럼 편향적이고 극단적인 여성주의로 흘러갈 줄 몰랐습니다. 아마도 그 누구도 몰랐을 것입니다.

현재 우리나라는 여성주의 이념이 정책 속에 많이 스며들어온 실정입니다. 건강가정기본법 개정 시도, 낙태법 개정 시도, 양성평등기본법 등 여성과 관련된 법과 정책의 방향이 왜곡된 여성주의 이념을 바탕으로 흘러가고 있습니다. 그 결과 남녀 갈등이 더욱 악화되고 가족의 근간이 흔들리며 태아의 생명까지도 위협을 받는 지경에 이르렀습니다.

이러한 위기의 때에 편향된 여성주의 흐름의 심각성을 알리는 현숙경 교수의 책이 출판된 것을 기쁘게 생각하며, 많은 분이 이 책을 통해 페미니즘의 민낯을 정확히 알게 되길 바랍니다.

이봉화

전 보건복지부 차관 / 현 사)바른인권여성연합 상임대표

저자 현숙경 교수는 영문학을 전공하면서 학문이라는 영역에 스며들어온 문화막시즘과 젠더이데올로기, 그리고 2세대 이상의 페미니

즘의 허상을 깨닫고 탈출한 학자이다. 페미니즘이 남녀 갈등을 부추기고 결혼과 가정과 생명을 죽이는 등 우리 사회에 끼치는 폐해는 말로 다 할 수도 없다. 오래 기다리던 책이다. 이 책이 여성의 고귀함을 일깨우고 가정과 나라와 다음 세대를 살리는 책이 될 줄 믿으며 특히 젊은 청년 여성들이 그룹으로 스터디하는 교재가 되기를 바라며 강력 추천한다.

이기복

전 한동대학교 및 횃불트리니티 교수 / 성경적 아내교실 저자

길게 잡아 약 200년 동안 이어온 여성운동은 법과 제도를 바꾸기 위해 오랜 투쟁의 길을 걸었다. 그러나 빛나는 성과에도 불구하고, 현대 페미니즘은 잘못된 방향으로 가고 있다. 오늘날 페미니즘은 여성 정치이익단체들의 마케팅 슬로건이 되었다.

남성을 악당으로 만들어 공격하고, 의견에 대해 검열을 하고 나아가 성차별주의자로 낙인을 찍기도 한다. 페미니스트들은 남녀를 갈등관계로 만들었으며, 정치적 이익, 정치적 압력을 위해 증오를 키우는 데 일조하고 있다. 현대 페미니즘은 자유를 억압하는 지경에 이르렀다. 현숙경 교수의 『페미니즘의 민낯』은 현재 이 사회를 어지럽히는 추악한 면모를 드러내는 페미니즘의 실체를 드러내는 데 기여할 것이라 생각한다.

1970년대 초 페미니스트들이 만든 가부장제 담론은 벌써 무너졌다. 1970년대 말 페미니스트들이 만든 유리천장 서사에서도 벗어나야 한다. 꼭대기보다 끈적한 마룻바닥에 있는 남녀가 훨씬 많기 때문이다. 남녀는 적대적 관계가 아니라, 상호의존적이고 상호협력을 하며 발전해왔다. 페미니즘이 존재할 곳은 한국이 아니라 이슬람, 서남아시아, 아프리카 국가다. 여성들은 페미니스트들이 말하는 페미니즘을 의심하고, 그 지배에서 벗어나야 한다. 페미니즘이야말로 여성을 소외시키기 때문이다. 우리나라는 이미 양성평등 선진국이다. 여성들이여, 자부심을 가지자.

오세라비

작가 / 휴머니즘 운동가

오늘날 널리 사용되고 있는 여성운동, 여성학, 젠더학, 페미니즘, 급진 페미니즘, 포스트모던 페미니즘, 젠더, 젠더주의, 성 주류화, 성 인지 감수성 등의 용어는 여전히 혼란스럽고 개념적 혼동을 일으키고 있습니다.

그래서 우리는 알아야 합니다. 도대체 페미니즘이 무엇인가를. 한국에서 페미니즘은 단순한 사회운동을 넘어 이론적 토대를 바탕으로 학문적 체계를 갖추고 있으며, 이미 항의적인 정치세력을 넘어 국가권력을 행사하는 모멘텀이 된 것이 현실입니다. 오랫동안 논란의 중심에 선 여성가족부가 바로 그러한 핵심 역할을 해왔습니다. 지금까지 여성가족부의 행태에 대해 의문을 가진 사람이라면 그 배경이 된 페미니즘의 실체를 파헤쳐야 합니다.

우리는 알아야 합니다. 페미니즘의 문제점이 무엇이며, 왜 심각한가를. 오늘날 한국 사회에서 가정해체가 왜 그리 집요하게 외쳐지는지, 왜 낙태(태아살해)가 여성의 당당한 권리로 주장되는지, 젊은 세대에서 '남혐'과 '여혐'이 왜 그리 날카롭게 대립하는지를 알아야 합니다. 이 모든 병리적 현상과 페미니즘이 도대체 어떤 관계가 있는가를 알아야 합니다.

또한 우리는 알아야 합니다. 어떻게 조화로운 양성사회를 추구할 수 있는지를. 페미니즘이 제기한 여성의 문제와 필요를 정확히 인식하고, 여성과 남성의 조화로운 평등사회를 가로막는 문제점을 분명하게 알고 그 해결책을 찾을 수 있어야 합니다.

그래서 우리는 이 책을 읽어야 합니다. 이 책이 위의 어려운 질문들을 차분하게 설명해주기 때문입니다. 비록 모든 답을 완벽하게 제시하지는 않더라도, 생각의 실마리를 풀어가도록 도와주기 때문입니다. 현학적이지 않은 평이한 간결함으로, 이 책은 페미니즘에 대해 생소한 모든 사람에게 친절한 입문서가 될 것입니다. 그래서 기쁜 마음으로 이 책을 추천합니다.

음선필

홍익대학교 법과대학 교수

들어가면서

도대체 페미니즘이 무엇이길래?

인류 역사에서 남성의 여성에 대한 차별은 분명히 존재해왔다. 이에 대해 일부 여성들은 개인적 또는 집단적으로 다양한 방식을 통해 저항해왔다. 서구의 역사를 살펴보면 여성의 저항운동은 대략 18세기 후반부터 가시화되고 조직화되기 시작했으며, 때로는 극단적인 형태로, 때로는 온건한 형태로 진행되어 왔다. 그리고 시대를 거듭하면서 활동중심적이었던 여성운동이 당시의 사상들과의 접목을 통한 이론화 과정을 거치면서 현재에는 하나의 학문 분야로 자리매김하게 되었다.

페미니즘은 시기별로 세 부류로 나눠볼 수 있다.

우선 1물결이라고 불리는 18세기 후반부터 20세기 초반에는 여성의 사회적 권익을 위한 저항운동이 활발하게 진행되었다. 그리고 2물결인 1960년대부터 1980년대까지는 생물학적인 성에 기반한 여성의 근본적이고 사회구조적인 억압에 대항하는 운동을 시작으로 본격적인 이론화 작업이 진행되었다. 급진 페미니즘이라고도 불리는 이 시기의 여성운동은 극단적인 여성해방운동으로 변질되었는데 그로 인해 이혼과 낙태가 증가하는 등 사회적 폐해가 적지 않았다. 그리고 3물결인 1990년부터 현재까지는 포스트모더니즘과 결합되어 남녀의 구분을 넘어 다양한 성을 인정하는 젠더주의가 장악을 한 시기라고 볼 수 있다.

페미니즘은 형태별로 두 부류로 나눠볼 수 있다.

페미니즘을 형태별로 나누면 실제적이고 행동주의적인 여성운동과 여성의 불평등을 사상과 이론적으로 뒷받침해 주는 페미니즘 이론연구로 나눠볼 수 있다. 활동중심적 여성운동은 1물결과 2물결 초반에 활발히 진행되었으며 2물결 중반인 1970년대부터 본격적인 이론화 작업이 시작되면서 비로소 페미니즘이 독립적인 연구 분야로 자리매김하게 되었다.

여성운동은 성격상 매우 급진적이고 때로는 극단적인 형태로 드러났으며, 페미니즘 이론은 학계를 중심으로 좀 더 심층적인 형태를 띠었다. 페미니즘 이론은 여성운동의 정당성을 뒷받침해주면서 학계에서 탄탄한 자리매김을 하게 되었는데, 역사, 정치, 사회, 문화, 문학 등 다양한 분야와의 연계를 통해 다층적인 연구가 진행되고 있다. 미국을 중심으로 한 수많은 서구 유럽의 대학에서 시작된 여성학 연구(women´s studies)는 1990년대 이후에 젠더학 연구(gender studies)로 방향을 전환하였으며 지금은 탄탄한 학제간(interdisciplinary) 연구 분야로써 뿌리를 깊이 내린 상황이다. 우리나라 여러 대학에서도 여성학, 혹은 젠더학이 하나의 전공분야로서 이미 자리 잡은 상태이다.

페미니즘이란 무엇인가?

그럼 페미니즘이란 무엇인가? 위에서 잠시 살펴봤듯이 오랜 기간 다양한 형태와 방식으로 진행되어온 페미니즘을 한 마디로 명료하게 정의 내리기는 쉽지 않다. 1물결의 페미니즘은 남녀의 제도적 양성평등을 위한 운동이라면, 2물결 페미니즘은 가부장제 타파와 여성의 해방을 위한 운동과 이론이며, 3물결 페미니즘은 사회문화적으로 구성된 '성(gender)'의 개념을 발전시켜 여성의 개념 자체를 해체시키고 궁극적인 남녀의 구분을 없앰으로써 여성의 불평등을 해결하고자 한다. 세대를 거듭하면서 페미니즘은 계속 진화하였는데 그 변화는 당시 시대의 주류 사상과 함께 손을 잡으며 점점 더 극단적인 형태로 치닫고 있다.

이 세 물결의 페미니즘을 관통하는 공통적인 개념이라고 한다면 성별 불평등 타파를 위한 운동 및 이론이라고 할 수 있겠다. 성불평등 타파를 위해 1세대는 제도적인 양성평등 실현을 목표로 했고, 2세대는 여성의 사회구조적인 억압으로부터의 해방을 외쳤으며, 현재에 해당하는 3세대는 남녀구분의 무의미화 시도를 하고 있다. 방법과 목적이 무엇이든 간에 페미니즘은 결국 여성에 관한, 여성의 권익을 위한 운동과 이론이며 최종 목표는 남녀구분 없는 결과적 평등의 실현이라고 할 수 있다.

페미니즘의 문제

그런데 문제는 모든 여성을 위한다는 명목으로 시작한 페미니즘이 이제는 일부 특정 여성들을 위한 이념으로 전락해버린 듯한 모양새를 보이고 있다. 또한, 편향적 성격을 띠는 페미니즘은 남녀의 조화로운 평등과 화합을 가져오기보다는 오히려 분열을 초래하고 있다. 여성을 위한 운동이라는 명목으로 여성의 권리에만 집중한 나머지 남성, 가족, 그리고 심지어 태아는 안중에도 없다. 여성의 권리를 위해서라면 모든 남성을 악인으로 만들어버릴 수도 있고, 가족은 파탄 날 수도 있으며, 태아들은 충분히 희생될 수 있는 것이다. 이것이야말로 이기주의의 극치가 아니고 무엇이겠는가. 타인을 희생시킴으로써 얻은 권리가 여성에게 진정으로 행복한 삶을 가져올 수 있는가? 여성의 권익 향상이 그들이 추구하는 궁극적 목표라면 그로 인해 발생하는 폐해는 누가 책임질 것인가? 아무리 여성이 역사적으로 억압적 삶을 살았다 한다 하더라도 타인을 불행하게 만들고, 태아를 살해하거나, 모든 남성을 무조건 죄인 취급하는 행태는 결코 정당화될 수 없다.

페미니즘의 최종 지향점이라고 하는 양성평등도 문제가 있다. 페미니즘의 방향성과 방식을 봤을 때 그들이 의미하는 양성평등은 결코 조화로운 양성평등이 아니다. 성별이 가진 특성과 차이를 애써 부정하고 모든 면에 있어서 여성을 남성과 억지로 동일하게 맞춰내야 하는 결과론적 평등이 그들이 원하는 바라면 이는 분명히 올바른 양성평등의 실현이 아니다.

이 책은 여성의 불평등과 차별을 해결한다는 명목으로 또 다른 형태의 차별과 갈등을 초래하고 있는 페미니즘을 비판적인 시각에서 재조명한다. 페미니즘은 불평등과 차별에서 벗어나기 위한 방법으로 다른 집단을 차별하고 불평등하게 대우하는 것을 정당화시키고 있다. 역사적으로 차별받았다는 뿌리 깊은 한(?)을 풀기 위해 그들이 휘두르는 칼에 수많은 사람이 희생되고 있다. 그러나 해방과 자유를 위한다는 명목으로 저질러지는 부도덕하고 무질서한 행동들이 정당화될 수는 없다. 이러한 행동들은 결국 또 다른 억압과 차별을 낳을 것이고 사회는 더더욱 혼란과 무질서에 빠져들게 될 것이다.

우리 모두가 바라는 사회

서로 사랑하며 살기에도 짧은 인생이다. 나와 다른 성별과 대립각을 세우며 사는 것이 진정 우리가 원하는 바인가? 우리에게 필요한 사회는 서로 배려하고 양보할 줄 아는 사회이다. 또한, 우리가 원하는 사회는 단순한 성별을 기준으로 파이를 나누듯이 똑같이 나누는 결과적인 평등이 아닌, 서로의 차이를 인정하며 공정한 기회의 환경 속에서 개인의 능력을 한껏 발휘하고 능력대로 보상받는 사회이다. 그것이 진정한 양성평등 아니겠는가. 그러한 사회를 기대하며 본 저자는 페미니즘의 민낯을 파헤쳐보고자 한다.

1

페미니즘의
기원과 흐름

페미니즘이란?

페미니즘은 성별에 근거한 차별을 없애고 여성의 권리와 평등을 실현하는 것을 목표로 하는 운동이나 사상이다. 페미니즘은 여성의 권리를 추구하고 여성에 대한 차별을 반대하는 운동으로서 인류 역사에 거쳐 여성들이 다방면에서 인격적인 대우를 받지 못하고 억압된 삶을 살았던 부분이 있었던 만큼 어느 정도는 필요한 운동이었다. 그러나 요즘 페미니즘이 초래하는 남녀 갈등과 사회에 미치는 부정적 영향을 볼 때 페미니즘이 추구하는 방향성과 가치에 대해 의문을 던지지 않을 수 없다.

그러면 도대체 어디서부터 잘못된 것인가? 남성의 지배와 성차별을 해결하고자 등장한 페미니즘이 왜 오히려 남녀 갈등만 더 악화시키는 결과를 가져오는 것일까? 이번 장에서는 페미니즘의 기원과 흐름을 살펴봄과 동시에 페미니즘의 세계관과 기본 주장들의 문제점을 비판적인 시각으로 살펴보고자 한다. 페미니즘은 통상적으로 1세대, 2세대, 그리고 3세대로 나눠볼 수 있는데 세대별 특징과 차이를 면밀히 살펴보자.

1세대 (1790s-1920s)
여성 + 계몽주의
사회구조 내 공적 영역에서의 양성평등
재산권, 이혼권, 양육권, **참정권**
교육을 통한 여성의 지위 향상 강조

2세대 (1960s-1980s)
여성 + 막시즘
사회구조 = 가부장제 **사적 영역(성), 남vs여**
Sex에 기반한 gender 형성; sex의 거부 시도
가부장제 타파를 통한 양성 평등(피임, 낙태, 성적 자유)

3세대(젠더주의) (1990s-현재)
여성 + 포스트모더니즘
구조 = 가부장제(이성애중심) **(이성애자 vs 비이성애자)**
성적 지향 ⇒ gender ⇒ sex **sex의 무의미화**
이성애중심 젠더 해체와 성별 구분의 무의미화

❶ 1세대 페미니즘(자유주의 페미니즘)

1) 18세기 여성운동

1세대 페미니즘(18세기~20세기 초반)은 계몽주의에 기반하고 있으며 이 시기의 페미니즘을 자유주의 페미니즘이라고 부른다. 1세대 페미니즘의 등장에 영향을 준 역사적 사건으로 1776년 미국의 「독립선언문」 발표와 1789년 프랑스혁명의 발발과 함께 작성된 프랑스 「인권선언서」(1789)를 들 수 있다. 이 두 선언문은 계몽주의와 자연법사상의 영향을 받아 천부인권을 근거로 작성된 것으로서 두 선언서를 관통하는 핵심 개념은 권리, 평등, 그리고 자유이다.

여성은 배제된 천부인권

그런데 문제는 당시 천부인권의 개념에 여성은 포함되어 있지 않았다는 것이다. 존 로크(John Locke, 1632~704)는 모든 사람은 천부인권을 지닌 존귀한 존재이며 신체와 재산의 자유를 누릴 자격이 있다고 주장하였다. 그의 이론은 영국의 명예혁명을 성공시켰고 미국 「독립선언문」의 기반을 제공했으며 프랑스혁명에도 큰 영향을 끼쳤다. 그러나 그가 말하는 "모든 사람"이란 남성만을 가리켰으며, 여성은 합리성과 이성이 부족한 존재로서 남성과 동등한 자유로운 개인의 신분을 부여받을 수 없다고 여겼기에 철저히 제외되었다.

로크의 영향을 받은 장 자크 루소(Jean Jacques Rousseau, 1712~1778) 역시 천부인권을 주장했는데, 남성에게 주어지는 타고난 권리와 평등, 그리고 자유는 여성과 무관하다고 믿었다. 루소는 그의 저서 『에밀』 (1762)에 여성은 남성과는 다른 비이성적인 본성으로 인해 남성에게 종속된 존재로서 "남성을 즐겁게 하기 위해 태어난 존재"라고 주장했다.[1] 그렇기에 여성이 당시 받는 교육은 결국 남성의 필요를 채우기 위해, 남성을 보필하기 위해서 받는 것에 불과했다.

메리 울스턴크래프트(Mary Wollstonecraft, 1757~1797)

로크와 루소의 자연권 이론의 영향을 받아 작성된 미국의 「독립선언문」(1776)과 프랑스의 「인권선언문」(1789)에 여성의 인권이 철저히 배제된 것에 대한 강한 반발을 보인 여성들이 있었는데 대표적인 인물로 영국의 메리 울스턴크래프트와 프랑스의 올랭프 드 구즈를 들 수 있다. 울스턴크래프트는 『여성의 권리 옹호(A Vindication of the Rights of Woman)』(1792)에서 여성은 그동안 본질적으로 나약하고 불쌍한 존재, 즉 무의미하게 이리저리 날아다니는 '깃털 달린 종족'이 되도록 훈련받았다고 비판하면서 여성도 이성을 지닌 합리적인 존재로서 남성과 동일한 교육과 정치 참여의 기회를 제공받아야 한다고 주장했다.[2] 또한, 세상의 반이 여성이라는 점을 감안했을 때 모든 것이 남성에게만 치우친 당시의 계몽주의 사상의 편향성을 보완하고자 노력했다.

올램프 드 구즈(Olympe de Gouges, 1748~1793)

올램프 드 구즈는 프랑스의 「인권선언문」에서 언급하는 보편적 인권과 평등권이 여성에까지 확대되지 않은 점을 지적하며 1791년 「여성인권선언문」을 발표했고 여성들도 마땅히 보장받아야 할 평등할 권리를 부여받았다고 밝혔다. 「여성인권선언문」을 통해 드 구즈는 여성에게도 남성과 동등하게 이혼권, 재산권, 양육권, 그리고 궁극적으로 참정권을 보장하라고 주장했는데, 이 법적 권리에 대한 주장은 1세대 페미니즘의 주요 어젠다가 되었다.

여성운동은 18세기 프랑스혁명을 기점으로 유럽에서 시작해서 19세기 중반 이후에 점차 미국으로 확장되었다. 유럽과 미국에서 산발적으로 활동했던 여성운동가들은 공통적으로 공적인 영역인 교육, 취업, 정치 분야에서 남성과 동등한 대우를 요구했다. 또한, 이들은 재산권, 이혼권, 양육권, 그리고 궁극적으로 참정권과 같은 남성과 동등한 법적 권리를 획득하기 위해 싸웠다.

2) 19세기 여성운동

19세기는 산업혁명으로 인해 유럽 전역에 인구, 정치, 사회구조와 제도, 경제 등 모든 면에 엄청난 변화를 가져왔는데, 이로 인해 가정 내에서 남성과 여성의 역할과 활동영역의 구분이 명확해졌다. 이 시기의 여성운동가들은 여성의 사회적, 혹은 법적 권리의 보장에 초점을 맞췄으며 끈질긴 노력 끝에 상당 부분 남성과 법적으로 동등한 권리를 부여받게 되었다. 19세기 영국과 미국을 중심으로 살펴보면 다음과 같다.

영국 빅토리아 시대의 여성

19세기 영국의 빅토리아 시대(1837~1901)는 산업혁명으로 인해 사회 전반의 경제와 사회구조에 변화가 왔다. 산업화는 중산층이라는 새로운 계층을 형성하였고, 이는 여성과 남성의 영역을 구분 짓는 결과를 가져왔는데, 여성은 사적 영역을, 남성은 공적 영역인 경제활동과 바깥 업무를 담당하게 되었다. 그러나 영역의 구분은 결국 성별 구분과 함께 여성을 사회와 단절시키는 결과를 가져왔고, 남성에게 종속된 존재로서, 가정을 지키는 '집안의 천사(Angel in the House)'라는 이미지와 함께 다음과 같은 이상적인 여성의 덕목을 강요당했다. 즉, 아내는 남편을 위해 정조를 지키고, 가정에 헌신적이며, 신앙심이 깊고, 건강한 아들을 출산하고 아이들을 올바로 양육해야 하며, 항상 기쁨을 유지해야 한다는 것이다.[3]

그러나 이는 단지 사회가 요구하는 이상적인 여성상일 뿐 실제 여성의 모습과 괴리가 컸으며, 사회적 기대에 부응하지 못하거나 거부하는 여성들은 우울 증세, 혹은 히스테리 증세를 보이기도 하고 극단적인 경우 자살을 선택하기도 했다.[4] 빅토리아 시대 당시 여성은 자신의 권리를 법적으로 보호받을 수 없고, 법정에 소송을 제기할 수 없으며 계약에 서명할 수도 없었다. 그리고, 결혼을 하면 그녀의 모든 소유는 남편의 소유가 되었고, 남편은 여성의 간통을 근거로 이혼할 수 있으나 그 반대는 성립되지 않았다. 또한, 남편은 법적으로 자기 부인을 때릴 권리가 있으며 자녀의 양육권은 오로지 남편에게 있었다.[5] 집 밖에서 여성에게 허용된 직업은 가정교사 혹은 간호사 정도였을 뿐, 공적인 영역에서 여성이 할 수 있는 일은 거의 전무했기 때문에 노처녀, 이혼녀, 혹은 과부 등 혼자 사는 여성들은 사회에서 철저히 소외되었다.

영국의 여성운동

여성들이 전혀 법적인 보호 없이 남성의 장식물에 불과한 삶을 살던 19세기 당시 일부 여성들은 여성의 부당한 사회적 지위에 대항해 과감히 외치기 시작했으며, 그 결과 상당 부분 남성과 동등한 법적 권리를 획득하게 되었다. 영국의 경우, 제도적 양성평등을 위한 노력의 결과 1839년 자녀의 양육권법이 통과되었고, 1857년 여성도 이혼을 소송할 수 있는 이혼법이 통과되었으며, 1882년에는 기혼여성에게도 재산에 대한 법적 권리를 행사할 수 있는 제도가 만들어졌다. 그리고 1918년에는 30세 이상의 여성들에게만 해당되는 제한된 참정권 부여되었으며, 1928년이 되어서야 비로소 남성과 같이 21세 이상 여성부터 해당되는 완전한 참정권 부여받게 됨으로써 제도적으로 양성평등을 이루게 되었다.

그러나 영국 여성들의 참정권 획득을 위한 과정은 결코 쉽지 않았다. 1865년 런던에서 여성참정권위원회가 결성되면서 참정권 운동이 본격적으로 시작되었다. 초기에는 평화적인 방법으로 참정권 운동을 벌여왔지만 1903년 여성사회정치동맹(WSPU) 결성 이후 운동은 조직적이고 격렬하게 바뀌었다. 1913년 WSPU 회원인 에밀리 데이비슨(Emily Davison)이 경마대회에서 국왕 소유의 경마를 향해 뛰어들어 숨졌는데 이 사건은 참정권을 염원하는 수많은 여성의 분노를 사기에 충분했다. 결국 영국은 1918년 30세 이상의 여성에게 참정권을 허용하게 되었고 1928년에 비로소 남성과 동일한 21세 이상의 투표권을 얻게 되었다.

미국의 여성운동

미국의 경우 남북전쟁 이후 흑인 남성들에게 참정권을 보장해주는 「수정헌법 14조」가 추가되면서 흑인들도 1870년대에 참정권을 획득했지만 여성들은 그 권리에서 제외되었다. 그래서 노예 폐지 및 참정권 운동가였던 수전 B. 앤서니(Susan B. Anthony)의 여성 참정권 운동을 시작으로 앨리스 폴(Alice Paul)의 시위와 단식 투쟁 등의 피나는 노력 끝에 1920년 8월에 비로소 「수정헌법 19조」("미 국민의 참정권은 미국이나 혹은 어떤 주에서도 성별을 이유로 거부될 수 없다")의 추가와 함께 여성에게도 참정권이 부여됐다.

여성 참정권을 최초로 인정한 국가는 1893년의 영국령 뉴질랜드였고, 유럽에서는 1906년 핀란드가 문을 열었다. 영국의 여성 참정권 획득은 북유럽과 소비에트연방, 캐나다보다도 늦었다. 그러나 영국 참정권 운동가들의 투쟁과 성취는 세계 여성 참정권운동의 분수령이 됐다. 미국의 참정권운동도 거기서 자극받아 확산되었고, 비로소 1920년 수정헌법 19조로 결실을 맺었다.

1세대 페미니즘 운동은 남성과 제도적으로 동등한 기회와 자유를 누릴 수 있게 되었으며 궁극적으로 양성평등한 권리의 상징인 참정권을 안겨주었다. 목표를 성취한 1세대 여성운동은 동력을 상실하고 막을 내리게 되었다.

❷ 2세대 페미니즘

2세대 페미니즘(1960년대~1980년대)은 칼 마르크스(Karl Marx, 1818~1883)의 계급 이론에 뿌리를 두며 1960년대에 급진적 형태로 등장한 여성해방운동 및 이론이다. 법적인 양성평등 이면에 깔린 해결되지 않는 구조적인 불평등에 불만을 품은 일부 여성운동가들의 분노에 찬 외침은 수많은 여성을 길거리로 뛰쳐나오게 했다. 불일 듯 일어났던 여성운동은 1970, 1980년대 들어서면서 학계로 스며들어 이론화 작업을 거치며 탄탄한 학제간 연구학문으로 자리 잡기 시작했다. 또한, 거리에서 투쟁하던 여성운동가들은 제도권 내로 진입하면서 페모크라트(femocrat)를 형성하기 시작했다.

1세대 vs. 2세대

1세대 페미니즘이 남녀의 타고난 성별을 기반으로 겪게 되는 제도와 법적 불평등을 해결하고자 했다면 2세대 페미니즘은 타고난 성별로 인한 뿌리 깊은 구조적 불평등을 타파하는 데 집중했다. 또한, 1세대 페미니즘이 사회구조 내에서 남녀의 동등한 권리를 주장했다면 2세대 페미니즘은 사회구조 자체에 문제가 있다고 보았다. 이 시기의 페미니스트들은 아무리 여성이 남성과 동등한 법적 권리를 쟁취했음에도 불구하고 남녀의 구조적인 불평등은 여전히 존재한다고 주장했다. 그들이 말하는 사회구조는 '가부장제'를 의미하는데, 이는 사회 전반에 촘촘히 스며들어 있기 때문에 단순히 제도와 법을 개정하는 것으로 해결될 수 없다고 보았다(가부장제에 대한 자세한 설명은 4장을 참고할 것).

페미니즘은 치마 입은 막시즘

막시즘에서 파생된 2세대 페미니즘은 막시즘과 동일한 논리구조를 가지고 있다. 이 두 사상은 사회를 끊임없는 갈등 구도로 이해했는데, 막시즘이 자본가계급과 노동자계급의 갈등관계에 역점을 두었다면 페미니즘은 남성 대 여성의 갈등관계에 집중한다. 또한, 이러한 이분법적인 갈등 구도에서 자본가계급과 남성은 항상 가해자, 노동자계급과 여성은 억압과 착취를 당하는 피해자로 규정한다. 그리고 막시즘이 노동자계급을 선동하여 자본주의를 전복할 혁명을 일으키려 했다면 페미니즘은 여성을 선동함으로써 성차별적 구조를 뒤집어엎고자 했다. 그리고 무엇보다도 페미니즘과 막시즘의 공통적인 목표 중 하나는 다름 아닌 전통 가정의 파괴이다. 공산주의는 가정의 해체와 집단화 사회를 통한 공산사회를 추구했다면 페미니즘은 가정으로부터의 해방을 통한 가부장제 타파, 그리고 궁극적으로 실질적인 양성평등 사회를 실현하고자 했다.

페미니즘과 성

또한, 사적인 영역인 '성'에서 근본적인 불평등의 뿌리를 찾는 것이 2세대 페미니즘의 특징이다. 케이트 밀렛이(Kate Millett)이 『성의 정치학(Sexual Politics)』(1969)에서 "성은 우리가 가진 문제들의 중심에 깊이 자리하고 있다"고 주장한 바와 같이, 성을 중심으로 한 남성의 권력과 폭력으로부터의 해방은 페미니트들에게 있어서 매우 중요한 사안이다. 이미 침실이라는 은밀한 영역에서부터 벌써 남성이 여성에 대해 권력을 행세한다는 것이다. 즉, 남성은 성행위를 통해 육체적 욕구를 채우며 여성을 지배하는 반면, 여성은 단지 남성의 성적 욕구 충족의 도구에 지나지 않다는 것이다. 그렇기에 밀렛에 의하면 사적인 영역에서의 억압과 지배로부터 해방되지 않는 한 근본적인 여성해방은 불가능하다. 밀렛의 "사적인 것이 정치적이다"라는 주장에 나타나듯이 성적 해방은 정치적인 행동의 일환인 것이다. 그래서 페미니스트들은 사적 영역에서의 억압과 지배에서 해방하기 위한 방안으로 성의 해방을 권리로 외치기 시작했다. 여기에서 말하는 성 해방은 곧 성적인 자유, 낙태, 그리고 피임을 아우르는 의미이며 이는 여성의 진정한 해방을 위한 필수조건으로 자리 잡게 된다.

성을 계급제도와 연결지어 이해한 또 다른 대표 페미니스트로 『성의 변증법(The Dialectic of Sex)』의 저자 슐라미스 파이어스톤(Shulamith Firestone)을 들 수 있다. 그녀는 엥겔스의 계급제도와 프로이드 성 담론을 재해석하면서 '성 계급제도'가 다른 경제적 분열보다도 더 깊이 존재한다면서 "혁명이 기본적인 사회 조직, 즉 권력의 심리를 항상 밀수할 수 있는 혈통인 생물학적 가족을 뿌리 뽑지 않는 한, 착취의 촌충은 결코 전멸하지 않을 것"이라는 매우 극단적인 주장을 펼치며 노골적으로 가족의 해체를 외쳤다.[6] 또한, 임신은 결국 여성을 생물학적 가족이라는 틀 안에 갇히게 하는 장치로서 여성에게 억압과 지옥과 같은 삶을 준다고 믿은 그녀는 "임신은 야만적이다"라고 비판하며 남성들과 동등한 자유를 누리기 위해서는 임신과 출산의 압제에서 벗어나야 한다고 주장했다. 파이어스톤은 그에 대한 해결책으로 인공 자궁 기술을 도입한 '인공 생식(artificial reproduction)'을 대안으로 제시했는데, 출산의 필요성은 인지하지만 여성의 특권인 출산은 거부하고 싶어 하는 그녀의 이기주의적인 발상이라고 볼 수 있다.[7] 이러한 혁명을 통해서 궁극적으로 그녀가 추구한 최종 목표는 "성별 차이 자체를 없애는 것"이다.[8] 엄연히 존재하는 생물학적 성별의 차이를 없앤다는 주장은 당시 터무니없고 극단적인 발상이었겠지만, 이는 포스트모던적 젠더와 일맥상통하는 개념으로서 생물학적 성별 구분의 해체를 목표로 하는 1990년대의 젠더주의의 초석을 마련하는 것이라고 볼 수 있겠다.

분노로 가득 찬 페미니즘 선언

파이어스톤의 주장을 통해서도 엿볼 수 있듯이 1960년대 당시 여성운동가들은 분노와 남성에 대한 혐오로 가득 차 있었다. 1960년대에 형성되어 조직적으로 활동하기 시작한 여성운동가들의 공통점은 억압적인 가부장제와 남성을 향한 분노와 증오심이다. 이는 1969년도에 파이어스톤을 비롯한 급진 페미니스트들이 뉴욕에서 결성한 '레드스타킹'이라는 여성단체의 선언문에도 명확히 드러난다.

"

여성은 억압받는 계급이다. 우리는 모든 면에서 억압받는다. 우리가 겪은 억압은 매 순간 우리 일상에 영향을 미친다. 우리는 성적 대상이자 아이를 낳아 기르는 젖어미, 가사노동을 하는 하녀이자 싸구려 노동력을 착취당했다. 우리는 열등한 존재, 단지 남성의 안락한 삶을 위한 존재로 여겨졌다…. 모든 남녀관계는 계급관계다. 남성 개인과 여성 개인 간의 갈등은 오로지 집단적으로만 해결될 수 있는 정치적 갈등이다…. 이제 우리는 전면전을 선포한다.[9]

"

이들의 남성을 향한 깊은 분노는 전염병처럼 사회 전반에 퍼지면서 수많은 여성을 길거리로 내몰았다. 물론 일부는 그동안 겪은 여성으로서의 불평등과 억압으로 인해 억눌렸던 감정의 표출이었다고 볼 수 있겠다. 그러나 문제는 분노의 표출 정도가 도를 넘어섰다는 것이다. 분노는 무분별한 자유, 성적 타락과 방종의 형태로 나타났으며 이는 결국 가정의 해체를 초래했다.

페미니즘과 가정에서의 해방

앞서 언급한 바와 같이 초기 페미니스트들이 가부장제를 타파하기 위해서 선택한 방법은 가부장제의 근원지인 가정에서의 해방이었다. 미국 2세대 페미니즘을 촉발시킨 베티 프리단(Betty Friedan, 1921~2006)은 가정에서의 해방을 실제 실현한 대표적인 인물이라고 할 수 있다. 진보적 활동가 겸 기자로 생활하다가 결혼과 출산으로 인해 가정주부로 살게 되면서 삶의 회의를 느끼던 프리단은 보부아르의『제2의 성』을 읽고 신선한 충격을 받으며 새로운 돌파구를 찾게 되었다. 중산층 가정주부들의 좌절과 불만을 대변하는 책인『여성의 신비(Feminine Mystique)』(1963)에서 그녀는 가정을 '안락한 포로수용소(comfortable concentration camp)'라고 명명하며 여성들에게 가정에서의 탈출을 촉구했으며, 그녀도 이혼을 통해 가정에서의 해방을 몸소 실천했다.[10]

프리단은『여성의 신비』의 출판을 통해 급진 여성주의운동을 확산시켰으며, 이혼 후 미국 최대의 여성단체인 전미여성기구(National Organization for Women, 혹은 NOW)를 포함한 굵직한 여성단체들을 창립해 낙태권, 출산휴가권, 승진과 보수에서의 남녀평등 운동을 펼치면서 여성의 교육, 취업뿐 아니라 여성을 위한 법률과 제도를 개선하는 데 앞장섰다. 오늘날 페미니스트들이 외치는 여성할당제와 동일임금을 위한 운동이 여기에서부터 시작되었다고 볼 수 있다. 그녀의 여성해방운동이 일부 억압된 여성들에게 돌파구를 제공해줬을지는 모르나 지나친 해방을 위한 외침은 결국 반-가족(anti-family) 운동의 형태로 전개되었는데 1970년대 미국 전역을 휩쓸면서 수많은 여성을 집 밖으로 뛰쳐나오게 함으로써 가족이 깨지고 이혼율이 급증하며 청소년 비행이 증가하는 등 사회에 적지 않은 혼란과 갈등을 초래했다.

급진 페미니즘과 가정의 해체

미국의 급진적인 페미니스트들의 출현과 그들의 극단적인 주장은 여성과 남성, 결혼과 성, 성과 임신, 그리고 임신과 출산의 지극히 당연하고 자연스러운 조합을 임의로 끊어놓는 결과를 가져왔다. 여성과 남성의 분열은 결국 이혼과 비혼의 형태로 드러났고 결혼과 성의 분열은 결혼이라는 테두리 안에서 나눌 수 있었던 성을 결혼의 유무와 상관없이 자유롭게 즐길 수 있는 행위로 변질시켜 버렸다. 성과 임신의 분열을 가능케 하는 도구로서 피임이 보편화되면서 무분별한 성관계가 더욱 조장되었다. 또한, 임신과 출산의 분열은 낙태를 통해서 가능케 되었다. 1960년대 급진적인 여성해방운동은 가정의 근간을 흔드는 위험한 결과를 초래했는데, 1969년도에 무책이혼법이 통과되었고 1973년도에는 낙태가 합법화되었다(Roe v. Wade).

이들의 급진적인 운동은 법제화 과정에도 큰 영향을 끼쳤다.

1973년 낙태 합법화(Roe v. Wade)

급진적 페미니즘 운동은 낙태를 여성해방을 위한 근본적이고 축소할 수 없는 첫 번째 계명으로 간주했다. 낙태는 일반적으로 생식의 자유, 선택, 재생산 건강 등과 같은 단어들로 포장되고 있지만 페미니스트들에게 낙태는 그보다 훨씬 더 큰 의미를 지니고 있다. 1960년대 대표적인 페미니스트 중 한 명인 글로리아 스타이넘(Gloria Steinem)이 "생식의 자유의 권리는 가부장제의 근간을 공격한다"고 표명했듯이 페미니스트들에게 있어서 낙태와 피임의 권리는 가부장제 타파를 위한 필수조건이다.[11]

남성과 여성의 근본적인 차이는 생물학적인 차이에 근거하며 이는 임신과 출산으로 귀결된다. 그러나 페미니스트들은 임신과 출산이라는 요소가 결국 가부장제를 튼튼히 하고 여성을 가부장제에 복종시키는 결과를 가져온다고 보았다. 그러므로 여성이 이러한 억압에서 벗어나기 위해서는 생물학적인 제약인 임신과 출산으로부터 자유로워져야 한다. 즉, 임신과 출산을 본인이 알아서 자유롭게 결정할 수 있을 때 비로소 진정한 해방을 누릴 수 있는 것이다. 그래서 등장한 개념이 바로 재생산권이다. 결국, 낙태와 출산의 자유의 권리를 통해 남성과 절대적으로 평등한 위치에 설 수 있다고 생각한 페미니스트들에게 있어서 낙태는 권리 주장의 필수조건이 되었다.

낙태가 여성의 권리로 자리매김하게 된 중요한 사건이 있는데 바로 1969년 파이어스톤을 비롯한 급진 페미니스트들이 결성한 단체인 '레드스타킹'이 열었던 '낙태 공개발언(Abortion Speakout)'행사였다. 이 행사에서 낙태 경험이 있는 많은 여성이 공개적으로 그들의 비밀스런 경험을 발표하였는데, 이를 통해서 낙태는 더 이상 여성 개인의 사사로운 일이거나 숨겨야 할 비밀이 아닌 자기결정권의 문제라는 결론을 내렸다. 낙태 공개발언은 미국 전역의 관심을 불러일으켰고 이후 유사한 행사가 전국적으로 열렸다. 이러한 분위기는 1973년 미국 연방대법원으로 하여금 낙태를 허용하는 판결(Roe v. Wade)을 내리도록 하는 데 일조했다. 이 판결로 모든 미국 여성은 임신 후 6개월까지 낙태 여부를 결정할 수 있는 헌법상 권리를 갖게 됐다.[12]

텍사스 대학교 법학대학원 법학 교수인 조세프 위더스푼(Joseph Witherspoon)은 1973년 낙태 합법화 판결 당시 법원이 낙태를 합법하기 위해 수정헌법에 대한 왜곡된 해석을 한 당시의 상황을 다음과 같이 설명했다. 법원은 "모든 태어나지 않은 아이에게서 그들의 생명, 자유, 그리고 재산에 대한 모든 헌법적 보호를 박탈하기 위해, 태어나지 않은 아이는 수정헌법 제14조에 사용된 '인격'이라는 용어의 의미와 보호에 속하는 존재가 아니라고 주장했다."[13] 결국, 낙태를 여성의 권리로 인정하려는 페미니스트들의 집요한 노력 끝에 수정헌법이 명시하고 있는 내용이 왜곡 해석되기에 이른 것인데, 이는 사회의 질서와 기본 가치가 극단적인 행동가들에 의해서 무너진 참담한 사건이라고 할 수 있다.

급진 페미니즘과 사회적 폐해

1960년대 급진적인 여성해방운동은 가정의 근간을 흔드는 위험한 결과를 초래했는데 이 운동이 사회 전반에 끼친 폐해는 심각했다. 1960년대에는 1000 커플 중 2.2 커플이 이혼했으나 1969년 무책 이혼법의 통과를 기점으로 이혼이 급증하여 1980년대 1000 커플당 5 커플이 이혼하였는데 이는 1960년대에 비해 두 배가량 증가한 수치이다.[14] 또한, 혼인율은 1970년대 1,000명 중 10.6명대에서 2018년 6.5명으로 감소했고[15] 출산율은 1957년 3.7명대에서 1980년대에 1.84명대로 하락했으며[16] 비혼과 동거의 증가[17]와 함께 미혼모가 급증[18]하는 부작용이 나타났다. 또한, 미혼모의 증가는 사회문제로 직결되었는데 연구 결과 미혼모에 의해 길러진 아이들이 청소년 살인의 72%, 강간의 60%, 10대 출산의 70%, 자살의 70%, 고등학교 중퇴의 70%를 차지한다는 결과가 나왔으며,[19] 이 이외에도 미혼모의 자녀들은 낮은 자존감, 무단결석, 갱단 가입, 약물 남용, 노숙자(출가 아동의 90%는 아버지가 없음), 그리고 40배 더 높은 성적 학대의 위험에 노출되었다.[20]

이렇듯 가정에서의 해방, 성의 해방, 출산으로부터의 해방, 직장으로의 탈출을 통한 가부장제 타파의 외침은 결국 수많은 가정과 사회를 병들게 했으며 무질서와 혼란을 초래했다. 가부장제 타파를 위해 가정의 해체를 외치던 1960년대 초기 여성운동가들의 급진적인 행태는 외부적으로는 적지 않은 질타를 받고, 내부적으로는 여성운동의 방향(급진성의 정도 등)과 범위(레즈비어니즘, 인종 포함 여부 등)에 대한 의견 대립으로 1970년대에 들어서면서 어느 정도 수그러들었다.

학문적 영역에 진입한 페미니즘

1960년대 매우 급진적인 형태의 여성주의운동은 1970, 1980년대에 학계로 스며들면서 하나의 담론으로 형성되기 시작했다. 여성의 권리 주장을 뒷받침하기 위해 다양한 학문 분야와 융합하면서 페미니즘은 더 세분화되고 학문의 영역에서 입지를 다졌다. 1960년대에는 가부장제 타파를 위한 극단적인 운동에 집중했다면, 1970년대 이후는 가부장제를 이론화하고 분석하는 틀을 제공하는 연구의 기반을 다지는 시기라고 볼 수 있다.

이론적으로 살펴보면 1970년대에는 마르크스의 자본주의 비판이론을 여성의 노동과 성불평등 문제를 접목시킨 막시스트 페미니즘, 그리고 사회의 계급구조 타파와 가부장제 타파를 접목시킨 사회주의 페미니즘이 주를 이루었다. 1980년대에 들어서는 프로이트의 심리학을 여성의 시각으로 재해석한 정신분석학적 페미니즘이 큰 주목을 받았으며, 1970, 1980년대부터 사회 모든 분야를 장악하기 시작한 포스트모더니즘이 페미니즘과 융합하면서 1990년대에는 포스트모던 페미니즘이 주류로 부상했다(3세대 페미니즘이라고 일컫는 포스트모던 페미니즘은 3세대 페미니즘 섹션에서 자세히 다루도록 하겠다).

또한, 페미니즘은 다양한 인종과 계층의 여성을 바탕으로 여러 분파로 나뉜다. 1960년대 등장한 급진 페미니즘이 백인 중산층만을 아우른다는 비판과 함께 1980년대에는 흑인 여성들의 목소리를 대변하는 블랙 페미니즘과 이성애 중심적 페미니즘을 비판하는 레즈비언 페미니즘이 등장했다. 또한, 포스트모더니즘의 분파로 1980년대 후반에 등장한 탈식민주의는 탈식민주의 페미니즘을 낳았다. 탈식민주의는 서양과 동양 간의 지배와 피지배 관계를 논하는 이론으로서, 비서구세계의 비백인 여성들이 기존의 백인 여성 중심의 페미니즘을 비판하며 페미니즘에 인종적 민족적 차이를 반영하여 등장한 이론이 탈식민주의 페미니즘이다. 그 외에도 환경 문제가 글로벌 이슈로 등장하면서 생태파괴와 여성차별의 연관성에 주안점을 두며 자연과 인간의 상호연결성에 페미니즘을 접목시킨 에코페미니즘이 있다.

페미니즘은 다양한 사상과 인종 및 민족적 시각을 기준으로 세

분화되었는데, 이 다양한 분파를 관통하는 공통 개념은 다름 아
닌 가부장제와 여성억압 문제이다. 기존 학문 분야 및 이론과의 융
합 및 다양한 계층과 인종의 여성들 시각이 투영된 가부장제에 대
한 비판적 분석과 이론화 과정을 통해 페미니즘은 대표적인 학제간
(interdisciplinary) 연구학문으로서 중요한 위치를 차지하게 되었다.

  지속적인 이론화 작업이 다층적으로 이루어지는 과정에 페미니
즘은 하나의 담론으로서 자리를 잡게 되었고, 그 과정에서 여성운동
과의 연합을 통해 정치 영역으로 침투하면서 정책 결정에 영향을 미
치게 되었다. 정치권 밖에서의 운동에 지나지 않았던 페미니즘이 이
제는 그럴듯한 담론적 근거와 함께 제도권 안에 스며들게 된 것이다.

❸ 3세대 페미니즘(젠더주의)

2세대라고 불리는 1960, 1970년대가 막시즘에 입각한 사회주의 페미니즘의 시대였다면, 1990년대 이후는 후기구조주의 언어이론에서 파생된 포스트모더니즘을 수용한 포스트모던 페미니즘의 시대라고 볼 수 있다. 2세대 페미니즘이 여성 차별의 원인을 남성과 본질적으로 다른 생물학적인 성에서 찾았다면, 3세대 페미니즘은 생물학적인 성을 철저히 배제하고 사회·문화적으로 구성된 성별 성향과 태도를 의미하는 '젠더'에만 집중한다. 그래서 3세대 페미니즘을 젠더주의라고도 지칭한다.

포스트모더니즘

포스트모더니즘은 1960년대 여성운동, 68혁명, 인권운동, 신좌파 세력, 비판이론, 후기구조주의의 등장과 함께 프랑스와 미국을 중심으로 일어난 시대사조라고 할 수 있다. 포스트모더니즘의 핵심 키워드로 쟈크 데리다(Jacques Derrida)의 '해체(deconstruction)'와 장 프랑스와 리오타르(Jean-Francois Lyotard)의 '거대담론에 대한 불신(incredulity towards meta-narrative)'을 들 수 있는데, 이 두 개념은 그동안 이 세상을 하나로 엮는 사상 체계, 혹은 거대담론의 역할을 한 서구의 전통 가치관, 즉 기독교적 세계관에 대한 거부를 의미한다는 점에서 일맥상

통한다.

15세기 르네상스부터 1950년대까지를 아우르는 모더니즘(근대주의)은 이성 중심, 합리주의, 객관성, 보편적 가치와 질서를 추구하고 절대적인 진리를 이해하고자 하는 시대라고 한다면, 1960년대 이후 모더니즘적 사고에 대한 반작용으로 나타난 포스트모더니즘은 탈이성주의, 다원주의, 상대주의, 우연성, 사회와 문화에 기반한 주관적 진리들, 유동성, 탈중심성 등의 키워드로 요약될 수 있다.

모더니즘은 인간의 이성과 실증적 과학을 통해 절대적인 진리를 이해한다. 근대 철학의 아버지로 불리는 르네 데카르트(Rene Descartes)의 "나는 생각한다, 고로 나는 존재한다"는 명제를 통해서 알 수 있듯이, 모더니즘은 '나'라는 주체의 범주를 신으로부터 독립시켰다. 인간 존재의 기원을 신에게서 찾는 것이 아니라 철저히 이성적이고 인간 중심적인 관점으로 접근하고자 한 것이다. 이에 따라 절대 진리는 인간의 경험과 이성으로 이해할 수 없는 영역으로 분류되었고 오로지 실증적 과학만을 진리의 영역으로 받아들이기 시작했다.

이성의 영역을 벗어나는 절대적 진리에 대한 모더니스트들의 끊임없는 불편함은 19세기 후반 프레드리히 니체(Frederich Nietzsche)의

"신은 죽었다"라는 선포로 종지부를 찍었다. '신'이라는 절대적인 진리를 철저히 거부하고 인간을 '신'의 영역에 올려놓음으로써 세상에 대한 이해를 온전히 관점과 해석의 문제로 전환시켜 버린 것이다. 니체의 절대적 진리 거부에 대한 공개적 선언은 20세기 중후반에 등장한 포스트모더니즘의 씨앗이 되었고 인간의 삶 깊은 곳까지 파고들어 있는 시대정신으로 자리 잡게 되었다. 포스트모던적 사고가 만연한 현시대는 절대적인 것에 대해 무관심하고 개인의 주관적 생각이 모두 용인되며, 질서와 객관적 기준을 거부한다.

모더니즘과 포스트모더니즘의 세상에 대한 인식의 차이를 좀 더 설명해보자. 모더니즘은 어떤 대상이 객관적인 실재로서 존재하며 인간은 그 실재를 이성과 경험을 통해 존재를 확인할 수 있다는 믿음에 기초한다. 즉, 인간이 어떠한 대상의 존재를 인지하기 이전에 이미 그 대상은 객관적 실재로서 존재한다는 것이다. 반면에 포스트모더니즘에 의하면, 어떤 대상은 우리가 그 대상에 언어적 의미를 부여하기 전에는 그 대상이 존재로서의 의미를 갖지 않는다. 객관적인 실재의 존재 여부는 중요하지 않다. 다만 우리가 언어라는 매개를 통해 그 대상을 실재로서 인지하느냐, 혹은 대상에 의미를 부여하느냐만 중요할 뿐이다.

포스트모더니즘은 반과학적이다.

여기에서 짚고 넘어가야 할 점은 포스트모던적 사고는 철저히 반과학적이라는 것이다. 포스트모더니스트들은 실재의 존재 여부를 철저히 배제하는 사상가들로서 자신의 이론에 대한 과학적 증명을 거부하며, 그것에 큰 의미를 두지 않는다. 포스트모더니스트 앨런 블룸(Allan Bloom)은 인간을 다음과 같이 설명한다. "인간은 문화적 존재이며 자연적 존재가 아니다. 인간이 본질적(생물학적)으로 지니는 것은 문화로부터 획득하는 것에 비하면 아무것도 아니다. 문화는 그것을 동반하고 표현하는 언어와 마찬가지로, 우연한 사건들일 뿐인데 혼합되어 인간의 구성 요소가 되는 일관된 의미를 구성한다"[21]

블룸의 설명에서 나타나듯이 포스트모더니스트들은 실재를 완전히 배제하고 문화적 요소만 강조하기에 이르렀고 그 결과 문화, 곧 인간의 사고와 언어적 인식만이 세상을 이해하는 요소로 남았다. 이러한 사고는 결과적으로 실재의 존재를 철저히 간과함으로써 과학과 첨예한 대립을 가져온다.

포스트모더니즘과 젠더

현재 포스트모더니즘이 장악하고 있는 이 세상은 철학이 과학을 지배하고 있다. 아무리 과학이 실재를 증명해 보여도 이 세상은 실재에 대한 객관적인 인식보다는 인간의 주관적인 감정과 해석을 더 중요시한다. 그런데 더 심각한 문제는 실재의 존재를 거부하는 포스트모던적 사고가 엄연히 존재하는 생물학적인 성에 그대로 적용되고 있다는 것이다. 포스트모더니즘은 생물학적인 성(섹스)과 상관없이 본인의 성에 대한 주관적 느낌과 인지(젠더)만을 중요시한다. 생물학적 성, 즉 물질화된 몸은 아무런 의미가 부여되지 않은 한낱 껍데기에 불과하다. 성에 대한 나의 주관적인 해석과 느낌, 즉 젠더가 몸을 통해서 구현될 때 비로소 생물학적인 성이 의미를 갖게 되는 것이다. 즉, 섹스는 원래 존재하는 것이 아니라 젠더에 의해서 결정되는 것이다.

그러나 실제 세상은 개인적 해석의 문제가 아니다. 포스트모더니스트들의 말장난에도 불구하고 실재는 버젓이 존재한다. 아무리 내 성별이 무엇이라고 느끼든 나의 타고난 성은 실제 존재하며 자유자재로 바꿀 수 있는 것이 아니다. 또한, 성기를 임의로 바꾼다 할지라도 몸 일부만 바꾼 것일 뿐, 성별을 결정하는 호르몬, 염색체, 테스토스테론, 뇌 기능, 체지방, 피부, 뼈 등 수많은 생물학적인 요소들은 여전히 타고난 성별에 맞게 유지된다.

이러한 포스트모더니즘 기반의 젠더 개념이 기존의 페미니즘에 접목되면서 1990년대에 페미니즘은 새로운 국면을 맞이하게 되는데 이 시기의 페미니즘을 포스트모던 페미니즘, 혹은 젠더주의라고 설명할 수 있다. 포스트모더니즘 기반의 젠더 개념을 간단히 정리하면 다음과 같다. 젠더란 1) 사회, 문화적으로 형성되고, 2) 다양하고 유동적이며, 3) 주관적으로 인식할 수 있으며 4) 수시로 변화무쌍하다.

이렇게 기존 페미니즘이 의미하는 젠더 개념의 패러다임을 완전히 바꾼 인물이 바로 쥬디스 버틀러(Judith Butler, 1956~)이다. 그녀는 '젠더 수행성(gender performativity)' 개념을 만들었으며 동성애와 트랜스젠더리즘을 정당화하는 퀴어 이론을 탄생시킴으로써 젠더주의의 시대를 열었다.

젠더주의와 쥬디스 버틀러

쥬디스 버틀러는 미국 버클리 대학교 비교문학 교수이자 퀴어 이론가이다. 그녀는 언어학자, 후기구조주의자, 레즈비언으로서 후기구조주의 언어이론을 '성'이라는 개념에 적용 및 실제화시킨 인물로서 1990년대부터 학계 슈퍼스타로 급부상하였으며 그녀의 이론이 사회에 끼친 파급력은 실로 엄청나다.

버틀러는 『젠더 트러블(Gender Trouble)』(1990)의 1999년 서문'에서 "나는 프랑스의 후기구조주의를 바탕으로 내 주장을 밝혔다"라고 명시함으로써 본인의 젠더 개념의 이론적 토대를 분명히 밝히고 있다.[22] 그리고 더 나아가 그녀는 단순히 "후기구조주의를 단순히 페미니즘에 '적용'시키는 것이 아니라 페미니즘 입장에서 재구성하는 데(feminist reformulation) 활용"한다고 밝히고 있다.[23] 버틀러는 후기구조주의라는 현재 포스트모더니즘 사조의 기본적인 이론적 틀을 제공하는 언어학에서 파생된 이론을 기반으로 기존의 페미니즘적 의미의 젠더 개념을 허물며 새로운 젠더 개념을 정립한다. 젠더주의의 근간이 되는 버틀러의 젠더 이론을 자세히 살펴보자.

1) 이분법적 젠더 개념의 해체를 통한 젠더 개념의 확장

버틀러는 『젠더 트러블』의 1999년 서문에 본 저서의 목적이 이분법적 젠더 개념을 해체하는 것임을 명시하고 있다.

> 66
>
> 나는 어떤 특정한 형태의 젠더 표현을 거짓된 것, 혹은 파생된 것으로 규정하고, 그 외의 다른 형태의 젠더 표현을 진리(truth), 혹은 원래의 형태 (original)로 것으로 규정해버리는 진리의 체제들에 반대했다…. 본 저서의 목적은 특정한 형태의 젠더만 실재 가능해야 한다고 요구하려는 것이 아니라 젠더에 대한 가능성의 영역을 여는 것이었다. 본 저서는 또한, 소수의 (비이성애적) 젠더 관행과 성적 관행을 비합법화하기 위해 진리라는 담론의 권력을 휘두르려는 모든 노력을 약화시키려 했다.[24]
>
> 99

위에서 말하는 '특정한 형태의 젠더'란 남성과 여성이라는 이성애적 의미의 젠더를 의미한다. 그러나 그녀는 그 의미에서 벗어나 '젠더에 대한 가능성의 영역'을 열고자 한다. 다시 말하면, '소수의(비이성애적) 젠더 관행과 성적 관행'의 영역까지를 확장시키고자 한다는 것이다. 이성애 중심의 사회를 진리로 규정짓는 것은 단지 이 사회의 담론에 불과하며 그 '진리라는 담론의 권력'이 비이성애자들과 규범에서 벗어나는 성적 행위를 비합법화해 버렸다고 비판한다. 이렇듯 버틀러는 이성애 중심 사회체제에 지속적인 의문을 제기하며 그 체제를 허물려는 시도를 한다.

여기에서 버틀러의 젠더 개념과 페미니즘(2세대)에서 의미하는 젠더의 차이를 짚어볼 필요가 있다. 1960년대부터 본격적으로 시작된 2세대 페미니즘은 가부장제를 불평등한 사회구조의 근원이라고 여겼으며 가부장제 해체를 통한 남녀평등을 궁극적 목표로 삼았다. 여성은 남성에 의해서 지속적으로 억압과 착취를 당하는데 그 원인은 결국 남녀의 생물학적인 차이 때문이며, 그 차이는 바로 임신과 출산 여부로 귀결된다는 것이다. 결국, 여성의 몸(섹스)은 임신과 출산, 양육(모우수유)를 통해서 가부장제에 순응하는 여자가 되도록(젠더) 강요받았다는 것이다. 이것이 바로 페미니스트의 대모인 시몬 드 보부아르의 "여성은 태어나는 것이 아니라 만들어지는 것이다"가 의미하는 바이다.

요컨대, 2세대 페미니즘은 생물학적인 차이(섹스)에서 성불평등의 원인을 찾았고 이러한 생물학적인 차이로 인해서 여성은 사회 문화 속에서 지속적인 불평등을 겪으며 여성으로서의 특정한 행동과 성향을 요구 받는다고(젠더) 주장한다. 결국, 타고난 성(섹스)으로 인해서 젠더가 결정되는 것이다. 그래서 여성들이 타고난 성을 거부할 때 비로소 젠더 규범에서 해방될 수 있다고 주장했다.

그러나 버틀러는 페미니즘의 이분법적인 젠더의 패러다임을 뒤바꿔놓는다. 『젠더 트러블』의 제목에서도 나타나듯이 페미니즘적 젠더 개념에 트러블이 있다는 것이다. 버틀러도 가부장제를 매우 비판적으로 보는데 그 이유는 가부장제가 결국 남성과 여성만을 포함시키기 때문이다. 기존의 가부장제는 결국 이성애 중심적인 개념이며 그 이분법에 포함되지 않는 자들을 배제해버리는, 즉 젠더 규범의 폭력(the violence of gender norms)을 행세하고 있다고 비판한다.[25]

2) 생물학적인 성이 배제된 버틀러의 젠더 수행성 개념

버틀러의 핵심 개념 중 하나가 바로 '젠더 수행성(gender performativity)'이다. 이는 '행위'부분에 더 중점을 두는 개념으로서 생물학적인 성을 철저히 배제한다. 버틀러는 '젠더 수행성'을 다음과 같이 설명하고 있다.

젠더적 표현 뒤에 젠더 정체성이란 것은 없다. 젠더 정체성은 소위 정체성
의 결과물이라고 불리는 바로 그 '표현'에 의해 수행적으로 구성된다.[26)]

결국 애초에 젠더 정체성이란 없고 이 정체성도 '표현'혹은 행위
를 통해서 구성된다는 것이다. 이를 좀 더 쉽게 풀어보자. 버틀러의
주장에 따르면 이성애 지배적인 사회에서 여성은 여성으로서의 기
능, 혹은 여성으로서 요구되는 성적 행동을 강요받기 때문에 그에
적합한 행동을 하게 됨으로써 여성이 된다는 것이다. 이는 다시 말
하면 여성으로 태어났기 때문에 자연스럽게 여성으로서의 기능을
하고 자연스럽게 남성에게 끌리는 것이 아니라, 남성을 향한 반복적
인 성적인 표현과 행위를 의식적이든 무의식적이든 강요당하고 그
에 맞게 행동했기 때문에 여성이라는 젠더 정체성을 갖게 된다는 것
이다. 그런데 반복적인 성적 수행과 표현의 결과로서 젠더 정체성이
만들어진다는 그녀의 논리에 따르면, 이성애적인 규범에서 벗어나
는 성적 행위와 표현을 반복적으로 함으로써 젠더 정체성도 바뀔 수
있다는 위험한 결론에 도달하게 된다. 그렇다. 반복적인 비이성애적
성적 표현 또는 행위를 통해서 기존의 이성애적 젠더 규범을 허물
수 있다는 것이 궁극적으로 버틀러가 주장하고자 하는 바이다.

버틀러는 젠더를 단순히 사회, 문화적으로 구성된다는 의미에만 국한시키지 않는다. "성적 행위(sexual practice)는 젠더를 불안정하게 만드는 힘이 있다"고 명시하고 있듯이 그녀에게 있어서 젠더란 '불안정화'될 수 있고, 반복적인 성적 행위 혹은 성적 표현을 통해서 변형 가능한 성질의 것이다.[27)]

여기서 짚고 넘어가야 할 점은 버틀러의 젠더 수행성 개념에 생물학적인 성은 철저히 배제되었다는 점이다. 기존의 페미니즘이 젠더를 섹스와 연관 지어서 이해했다면 버틀러는 젠더를 성적 행위(성적 지향)와 연관 지어서 이해한다. 즉, 버틀러에게 있어서 섹스는 전혀 고려의 대상이 아니다. 그녀에게 생물학적인 성은 의미가 부여되지 않은 몸(물질)에 불과하고 단지 반복적인 행위와 표현을 하는 매개체에 불과하다. 물질에 불과한 몸이 어떠한 반복적인 행위를 하고 기능을 할 때에 비로소 그 몸이 젠더의 의미를 갖게 되는 것이다. 그런 의미에서 타고난 성별(sex)은 전혀 아무 의미가 없다.

3) 섹스, 젠더, 성적 지향의 인과적 연속성의 해체

버틀러의 젠더 이론은 생물학적인 성(sex), 사회적인 성 정체성(gender identity), 그리고 성적 지향(sexual orientation)의 개념을 철저히 분리시킨다. 그러나 이 세 가지 요소는 원래 하나로서 결코 분리해서 이해할 수 있는 개념이 아니다. 태어나면서 여성 염색체, 호르몬, 자궁, 뇌 구조, 체력을 지니고 태어난 여성은 그녀의 생물학적인 요소를 기반으로 생각하며 행동한다. 즉, 타고난 생물학적, 심리학적 요소에 근거해서 그녀의 여성적인 성향과 특징, 즉 젠더 정체성이 나타나는 것이다. 그리고 그러한 생물학적인 성에 근거한 삶을 살아가는 여성은 자연스럽게 남성에게 끌리도록 되어 있다. 그러한 자연스러운 육적, 감정적, 정서적인 끌림을 기반으로 사랑을 하고 결혼을 하며 가정을 꾸리며 다음 세대를 유지시키는 것이다. 이러한 세 가지 요소의 인과적 연속성은 이분법적 성별 구분과 함께 인류를 지금까지 유지시켜 온 마땅한 질서이다.

그러나 버틀러는 이 세 가지의 결합은 자연스럽고 유기적인 것이 아니라 결국 '억압적인 이성애적 사회체제'를 강화하는 장치로서 지속적으로 '전제되고, 재연되고, 합리화'되어 왔다고 비판한다.[28] 그녀에게 있어서 생물학적인 성은 의미가 부여되지 않은 물질에 불과하기 때문에 다른 요소 이전에 존재할 수 없는 것이다. 섹스와 젠더를 구분 짓는 페미니즘을 비판하는 버틀러는 심지어 섹스도 젠더처럼 사회적으로 구성된 것이라는 극단적인 주장을 펼친다. "아마도 '섹스'라고 불리는 이 구성물은 젠더처럼 문화적으로 구성되었을 것이다. 사실상, 섹스와 젠더는 전혀 구분될 수 없는 것으로 섹스는 이미 항상 젠더였을 것이다"[29] 앞에서 버틀러의 '젠더 수행성'에서 언급했듯이 젠더라는 것은 결국 반복적인 수행의 결과로서 형성되는 것이기 때문에 젠더 개념은 성적 수행, 즉 성적 지향을 통해서 형성되는 것이지 섹스를 전제로 하지 않는다.

그래서 그녀의 논리에 의하면 성적 지향으로 젠더 정체성이 형성되고 젠더 정체성은 결국 몸(섹스)을 통해서 구현되고 의미화된다. 원래는 분리될 수 없는 하나의 연속 개념인 이 세 가지 요소를 버틀러는 하나하나 분리시켰을 뿐 아니라 그 순서도 거꾸로 뒤집어놓음으로써 보편타당한 자연 질서를 거스르는 심각한 우를 범하고 있다.

4) 정상 규범의 해체로 인한 모든 일탈적 성적 행태의 정당화

이성애 중심 규범을 해체하고자 하는 버틀러의 주장은 비이성애적 성적 지향을 정당화하는 근거를 마련한다. 버틀러는 그녀의 레즈비언적 성적 지향을 정당화하기 위해 후기구조주의자(자크 데리다, 미셸 푸코, 줄리아 크리스테바 등), 정신분석학자(지그문트 프로이트, 자끄 라깡 등), 페미니스트(게일 루빈, 모니크 위티그, 루스 이리거레이, 엘레인 식수 등)들의 전통적 규범의 해체 논리를 이용하여 자신만의 퀴어 이론을 정립하였다.

그러나 그녀의 퀴어 이론의 문제점은 단순히 동성애적 성적 지향만을 포함하는 데서 그치지 않는다. 결국 퀴어라는 것은 정상 범주에서 벗어나는 모든 행태를 아우르는 표현으로서 이미 정상적인 이성애적 규범을 허물어버린 그녀의 논리에 의하면 결국 모든 형태의 비정상적 성적 행위가 용인될 수 있는 것이다.

존. E. 시리(John E. Seery)는 버틀러의 저서 『안티고네의 주장 (Antigone's Claim)』[30]에서 보이는 근친상간 옹호적인 태도를 강력하게 비난했다. 시리는 버틀러가 다양한 가족의 형태의 가능성을 열기 위한 방안으로 근친상간 금기를 깨는 무모함을 지적하며 이러한 그녀의 "우회적 논리는 사실상 모든 이성애자를 억압된 근친상간자들로 전락시켜버렸다"고 강하게 비판했다.[31] 이와 함께 시리는 버틀러의 위험천만한 주장이 결국 수많은 일탈적 성적 행태를 용인하는 것이라면서 수십 가지의 입에 담기 힘든 성적 행태를 나열하면서 버틀러의 논리적 오류를 통렬하게 꼬집었다.[32]

실제로 동성애는 물론이고 양성애[33], 다자성애[33], 근친상간[34], 소아성애[35], 수간[36], 시체성애[37] 등 비정상적이고 불법적인 행태를 분석 혹은 정당화하는 논문들이 지속적으로 출판되고 있는데 이들은 하나도 빠짐없이 버틀러의 비이성애적 젠더 개념, 혹은 젠더 수행성 개념을 논거로 삼고 있다. 남녀의 관계만을 '정상적'인 범주로 용인하는 사회제도 자체를 비판함으로써 '정상'이라는 틀을 허물어버리는 버틀러는 이성애적 관계를 벗어나는 모든 형태의 비정상적이고 일탈적 관계도 다 용인될 수 있는 학술적 근거를 마련해주는 결과를 가져온 것이다.

그녀는 새로운 젠더 개념을 통해 지속적으로 이 사회가 정상이라고 규정하는 규범 자체에 의문을 던지며 허물기를 시도했다. 이 사회에 규범이 만들어지고 규범으로 인한 이분화 과정에서 어떻게 하나가 다른 하나를 배제시켰는지 그 원리와 작용에 대한 문제제기를 하면서 경계를 흔들고 있다. 즉, 그녀는 1) 섹스와 젠더의 경계, 2) 이성애와 비이성애의 경계, 3) 남자와 여자의 경계, 4) 정상 vs. 비정상(퀴어)의 경계, 그리고 5) 남녀의 결합으로 이루어진 가족의 경계 허물기를 조장하고 있는 것이다.

이러한 경계 허물기는 동성애를 조장할 뿐 아니라 일탈적인 성적 행위를 조장하고, 비정상적 결합으로 이루어진 공동체를 가족에 포함시킴으로써 가족의 개념을 왜곡시키고 있다. 버틀러가 허물려고 하는 경계는 결국 보편타당한 도덕과 윤리적 질서에 기반하는 것으로서 오랜 세월 사회를 건강하게 유지시키는 근간을 제공해온 매우 중요한 기틀이다.

버틀러도 본인의 젠더 이론이 논란의 중심에 있음을 매우 잘 알고 있다.[38] 그러한 그녀는 철저히 포스트모던 레즈비언으로서 젠더 이론에 내포되어 있는 사회적 파괴력, 가족 파괴력을 우려하는 수많은 도덕 옹호론자와 가족 옹호론자들을 마치 시대의 변화를 두려워하는 동성애 혐오자로 낙인찍어 버렸다. 인간으로서 마땅히 지켜야 할 가치, 자연스러운 남녀의 생물학적 질서, 그리고 보편적 가족의 중요성 등을 수호하는 수많은 사람을 소수자들을 억압하는 가해자로 몰아버렸다.

그러나 우리가 알아야 할 점은 사회의 혼란과 무질서는 엄연히 존재하는 질서, 도덕과 윤리라는 기준이 허물어져 갈 때 비로소 드러나기 시작한다는 것이다. 버틀러의 경계 허물기는 수많은 사람을 성 정체성 혼란에 빠뜨리고, 성적 지향과 성별 정체성을 보호한다는 명목으로 법을 제정하여 보편타당한 질서에 순응하며 사는 수많은 가정을 위기로 몰고 있다.[39] 다양성, 포용성이라는 명목으로 보편적 도덕과 윤리적 가치를 벗어나는 행위들이 법적인 보호를 받는 세상이 되었다. 그뿐 아니라 심지어 소아성애나 다른 일탈적 성행위도 용인되는 분위기가 형성되고 있으며, 더 나아가 성별 구분조차 무의미해지는 세상으로 향하고 있다.

『정의, 젠더, 그리고 가족(Justice, Gender and the Family)』(1989)에서 수잔 오킨(Susan Okin)은 "정의로운 미래는 성별이 없는 미래일 것이다 (A just future would be one without gender)"라는 위험천만한 주장을 했다. 수십 가지의 성을 인정하려는 현재 이 세상이 추구하는 목표는 성별 구분의 와해이며, 그런 세상이야말로 '정의로운' 세상이라는 것이다. 혹자는 그런 사회를 유토피아라고 명명하며 어떠한 구분도 없는 공산화된, 전체주의적인 사회의 도래를 바라고 있을지 모르겠지만, 결국 남는 것은 오로지 혼란과 무질서, 끊임없는 갈등과 분쟁 아닐까.

인류는 수천 년 동안 가정이라는 공동체를 통해서 유지되어 왔으며, 건강한 가정을 통해 건강한 사회를 만들려는 노력을 하면서 지금까지 왔다. 한 남자와 한 여자의 결합으로 가정이 형성되고, 그 안에서 사랑과 배려를 배우며 실천할 때 사회가 건강하게 유지되었다. 그러한 생물학적인 남녀의 결합은 지극히 자연스러운 질서로서 이 테두리 안에서 도덕과 윤리를 세워 지켜나갈 때 비로소 건강한 가정과 사회가 만들어지는 것 아니겠는가.

2

유엔을 통한 페미니즘의 전 지구적 확산

페미니즘과 유엔

여성의 권리는 인류의 평화와 인간의 존엄성을 보호하기 위해 1945년 유엔 창설과 함께 공식적인 의제로 다뤄지기 시작하면서 여성의 권익 증진과 지위 향상을 위한 노력이 유엔을 통해서 지구적 차원에서 전개되었다. 그러나 서구사회의 급진 페미니즘의 확산은 유엔의 여성문제에 대한 시각과 해결의 방향성에 영향을 끼치기 시작했다. 구조적인 성차별 문제가 전 지구적으로 만연하다고 주장하는 페미니스트들의 전략적인 개입이 유엔 여성의제의 향방을 완전히 뒤바꿔놨다고 볼 수 있다. 이 장에서는 미국을 중심으로 서구사회에서 일어난 여성운동이 어떻게 유엔을 통해 전 세계적으로 확산되었는지 비판적으로 분석해보겠다.

❶ 유엔과 여성정책의 흐름

유엔은 2차 세계대전 중 인류를 대상으로 자행된 야만적 행위를 막고 더 나아가 세계평화와 정의를 증진시키기 위해 1945년 창설되었으며, 1948년 '세계인권선언(Universal Declaration of Human Rights)'을 채택함으로써 모든 사람이 자유롭고, 평등하고, 존엄하게 살아가기 위한 자유와 권리를 보호받아야 함을 공식적으로 합의했다. 그 가운데 여성의 권리에 관한 문제의 중요성을 인지한 경제사회이사회(ECOSOC)는 여성의 인권 문제를 전담할 수 있도록 인권위원회 산하 여성지위위원회(CSW, 1946)를 설치했다.

여성지위위원회는 여성의 차별과 불평등을 개선하기 위한 방안으로 결혼, 가족, 고용 분야의 11개 조항을 선정하여 1967년 11월 유엔총회를 통하여 여성에 대한 인권선언이라고 할 수 있는 '여성차별철폐선언(Declaration on the Elimination of Discrimination against Women)'을 만장일치로 채택하였으며, 1979년에는 유엔총회의 결의로 여성차별철폐선언에 법적 구속력이 부과된 여성차별철폐협약을 채택하였다. 이후 유엔은 네 차례에 걸친 세계여성회의의 개최를 통하여 여성발전과 양성평등 실현을 지구적인 의제로 부각시켜 모든 회원국에게 동일하게 여성의 권리와 양성평등 실현을 국가적인 사업목표로 진행하도록 권고했다.

　유엔 여성지위위원회는 양성평등을 위한 국제적 논의의 장소로
서 정부대표들뿐 아니라, 비정부(NGO) 여성단체들과 여성운동가들
이 초국가적으로 연대할 수 있는 기회를 제공함으로써 NGO 여성
단체들이 그들의 페미니즘 이념을 확산시키는 큰 통로가 되었다. 특
히, NGO 여성단체들이 주축이 되어 선포된 1975년 '유엔 여성의
해(International Women's Year)'는 1960년대 미국을 중심으로 일어난 급
진 페미니스트들이 국제무대를 통해서 그들의 페미니즘 어젠다를
전 세계로 확산시키는 계기가 되었다. 이 시기를 기점으로 NGO 여
성단체는 수적으로 증가하면서 여러 유엔회의에 페미니즘 이념을
반영시키는데 중추적 역할을 했다.[40][41]

❷ 유엔 세계여성대회

　무엇보다도 1975년 멕시코, 1980년 코펜하겐, 1985년 나이로비, 1995년 북경 등 네 차례에 걸쳐 이루어진 유엔 세계여성대회는 각 회원국의 여성 관련 의제를 페미니즘 시각으로 한데 묶을 뿐 아니라 각국의 여성정책의 방향을 설정하고 추진하는 중요한 대회이다. 각 회의의 특징과 내용을 간단히 살펴보자.

멕시코 제1차 세계여성대회(1975)

　1975년 멕시코의 제1차 세계여성대회는 '발전 속의 여성(WID: Women in Development)'을 전략으로 채택하여 공적인 영역에서 소외되고 보호가 필요한 여성들에게 기회와 자원을 제공하는 데 초점을 맞췄다. WID 접근은 1960년대 개발도상국의 경제발전 과정에서 혜택이 여성들에게 분배되지 못하고 여성을 소외시키는 현실에 주목하면서 등장한 포괄적인 제3세계 여성발전 프로젝트로서 개발도상국 여성들, 혹은 열악한 환경의 처한 여성들의 실질적인 요구에 부응하는 데 초점을 맞추었다. 자유주의 페미니즘에 기초하고 있는 WID 접근은 경제개발과정에서의 여성의 참여를 통해 여성의 전반적인 권익 증진에 큰 기여를 했다고 볼 수 있다.

나이로비 제3차 세계여성대회(1985)

1985년 나이로비에서 열린 제3차 세계여성대회는 '발전 속의 여성(WID)' 접근법이 여성의 상황을 다소 개선했지만 남녀관계의 구조적 불평등을 변화시키는 데는 한계가 있다고 비판하면서 새로운 개념인 '젠더와 발전(Gender and Development: GAD)'를 제시했다. 여성만을 대상으로 하는 WID 접근과는 달리, 페미니즘 이념이 반영된 GAD는 여성을 체계적으로 배제하고 차별하는 가부장적 규범, 제도, 및 구조적인 질서를 문제 삼았다. GAD는 성불평등이 불평등한 사회관계 속에서 만들어진다고 보았으며, 남녀의 구조화된 성별 관계(젠더 관계)를 재편함으로써 궁극적으로 실질적 양성평등을 실현하는 데 초점을 맞췄다. 여성보호정책의 패러다임에서 여성주의정책으로 전환하면서 당시는 생소했던 '젠더'라는 개념이 수면 위로 등장했다.[42]

'젠더'란 일차적으로 생물학적인 성(섹스)과는 구분되는 사회적인 성을 의미한다. 타고난 생물학적 특징과 그에 따른 결과(임신과 출산)를 거부하는 2세대 페미니스트들에게 있어서 여성의 억압과 불평등의 원인을 사회구조적인 문제(가부장제)로 돌리는 데 있어서 '젠더'라는 개념이 매우 유용했다.[43] 그래서 젠더 용어는 가부장제 타파가 궁극적인 목표인 페미니즘의 핵심어로 정착하게 되었으며 페미니즘의 확산과 함께 젠더 역시 보편화되어 사용되기 시작했다.

카이로 국제인구개발회의(1994)

1994년 유엔의 주재로 카이로에서 열렸던 국제인구개발회의는 그동안 인구조절의 문제를 국가 차원에서의 산아제한 정책에서 개인의 '권리'와 '건강'의 문제로 패러다임을 전환시킨 중요한 사건이다. 이 대회의 주요 키워드 중 하나는 단연코 '재생산권'이었으며 리베카 J. 쿡(Rebecca J. Cook)과 마흐무드 F. 파달라(Mahmoud F. Fathalla)가 진술하듯이 논제 변화의 "핵심은 여성에게 권한을 부여하고 그들의 인권, 특히 생식 건강과 관련된 권리를 보호하는 것"이었다.[44] 이러한 변화의 주된 요인은 다름 아닌 페미니스트들의 끈질긴 로비와 영향력 행사였다.

페미니스트 학자이자 여성인권 옹호자인 프랑수와 지라드(Françoise Girard)는 1994년 카이로 대회에 서구 페미니스트들이 대거 참여했다는 사실에 주목하며 그들이 참여한 주요 원인을 "인구조절 의제와 남반구의 가난한 여성들의 출산율 억제에 대한 과도한 집중 현상을 뒤집기 위함이었다"고 진단했다.[45]

페미니스트들의 끈질긴 로비와 압력의 결과로 '재생산 건강 서비스(reproductive health service)'라는 그럴듯한 용어로 포장된 카이로 인구대회의 최종 행동강령이 공표되었다. 이와 관련하여 라라 크누센(Lara Knudsen)은 "국제인구대회는 정부와 인구정책 기구의 공식 문서에 페미니즘의 언어를 도입하는 데 성공했다"[46]고 명시하고 있으며, 로잘린드 페치스키(Rosalind Petchesky) 역시 카이로 인구대회의 최종 행동강령이 "이전의 인구통제 담론에서 벗어나 생식권과 성평등에 대한 페미니스트 비전을 담고 있다"고 언급했다.[47]

카이로 행동강령은 재생산 건강의 정의를 규정한 첫 국제 문서로서 그 정의는 다음과 같다.

> 재생산 건강은 생식 시스템과 그 기능과 과정과 관련된 모든 문제에서 질병이나 병약의 부재만이 아니라 완전한 신체적, 정신적, 사회적 안녕의 상태이다. 그러므로 재생산 건강은 사람들이 만족스럽고 안전한 성생활을 할 수 있다는 것과 그들이 번식할 수 있는 능력과 언제 그리고 얼마나 자주 그렇게 할 것인지를 결정할 자유가 있다는 것을 암시한다.[48]

'재생산 건강'이라는 개념은 낙태의 자유, 피임의 자유, 그리고 더 나아가 성적 자유의 의미가 내포되어 있으며, '만족스럽고 안전한 성생활을 할 수 있는', '사람들'은 성인뿐 아니라 미성년자도 포함될 수 있는 애매모호한 표현으로, 다양한 해석의 여지를 남긴다.

카이로 행동강령에 강하게 반대를 표명한 단체가 있었는데 바로 바티칸 교황청을 중심으로 전통 가족제도를 옹호하는 국가들이었다. 페미니스트들의 그럴듯한 포장의 이면에 숨겨진 '낙태의 자유'라는 숨은 의도를 간파한 교황청은 용어 사용에 강한 반대 의사를 표명했으나 그들의 지나친 방해공작은 회의 분위기를 흐트러뜨리는 결과를 가져옴으로써 오히려 대다수 회원국이 '재생산 건강'과 '개인의 자유'에 대한 페미니스트들의 외침에 손을 들어주었다. 페치스키는 당시 상황에 대해서 "전 세계 여성운동연합은 바티칸-근본주의 공세를 물리치는 데 크게 성공했다"고 요약했다.[49] 그래서 결국 179개 회원국이 최종 행동강령에 서명했고, 이 사건은 재생산권 운동의 분수령이 되었다.

북경 제4차 세계여성대회(1995)

1995년 북경 제4차 세계여성대회는 GAD보다 더 체계화된 접근인 '성 주류화(Gender Mainstreaming: GM)'전략을 전면에 등장시켰고 회원국에게 젠더 용어를 공식 용어로 사용할 것을 권고하였다. 이 대회는 회원국 정부 간 공식회의와 NGO 포럼으로 나뉘어 열렸는데, 전 세계 189개국 정부대표, 민간단체 대표, 유엔 관련 기구, 언론인 등 약 5만 명이 참가한 대회로 여성대회 역사상 최대 규모였다.[50] 페미니스트들이 대거 참여한 이 대회는 페미니즘 이념을 전 지구적으로 확산시키는 매우 중요한 회의였다.[51]

페미니즘 사상이 기반이 된 북경 행동강령의 핵심 논제를 세 가지로 요약하면 다음과 같다. 1) 성 주류화 전략 실행 권고, 2) 성과 재생산권(sexual and reproductive rights)을 여성의 인권으로 선포, 그리고 3) 젠더 용어의 공식적 사용 결의이다.

1. 성 주류화 전략 실행 권고

1995년 북경 제4차 세계여성대회는 그동안 여성권리 증진에 초점을 맞췄던 여성대회의 방향을 성불평등의 구조적인 문제의 근본적인 해결을 통한 실질적인 양성평등을 목표로 삼고 있다. 북경 행동강령은 '성평등'을 각 국가가 실현해야 할 정책목표(gender equality as a goal)로 결의했으며, 이를 실현하기 위해 성 주류화 전략을 채택했다. 1997년 유엔경제사회이사회에서 공식적으로 제시한 성 주류화의 개념 정의는 다음과 같다.

성 주류화는… 모든 영역과 모든 수준에서 입법, 정책 또는 프로그램을 포함하여 계획된 행동이 여성과 남성에게 미치는 영향을 평가하는 과정을 의미한다. 이는 여성과 남성의 관심과 경험을 모든 정치, 경제 및 사회 영역에서 정책 및 프로그램의 설계, 실행, 모니터링 및 평가에 통합적으로 적용해서 여성과 남성이 동등하게 이익을 얻고 불평등이 영속되지 않도록 하는 전략이다. 성 주류화의 궁극적인 목표는 성평등

을 달성하는 것이다.[52]

"

즉, 성 주류화란 정치, 결제, 사회 영역의 모든 정책, 입법, 프로그램을 수립, 실행, 및 평가하는 과정에 남녀의 관점(gender perspective)을 통합함으로서 남녀가 동등하게 혜택을 받고 불평등이 일어나지 않도록 하는 전략이다. 이 대회에서 결의된 성 주류화 정책은 1990년대 이후 유엔을 주축으로 하는 인권의 세계화와 함께 국제회의의 보편적 주제로 설정되었으며, 이로써 여성문제에 대해 유엔이 글로벌 거버넌스로서의 영향력을 발휘하기 시작했다. 회의에 참석한 각 회원국은 유엔의 성 주류화 전략을 기반으로 여성정책의 체계를 잡아가기 시작했고, 이로써 페미니즘이 전 세계적으로 확산되어 각 나라의 사회 전반에 깊숙이 자리 잡게 되었다.

2. 성과 재생산권(sexual and reproductive rights)을 여성의 인권으로 포장[53]

이 대회의 키워드는 '여성의 인권(women's rights)'이었으며, 당시 미국 대표로 참여한 영부인 힐러리 클린턴(Hillary Clinton)의 연설 중 "인권은 여성의 권리이며 여성의 권리는 인권이다(Human rights are women's rights, and women's rights are human rights)"라는 선언에 드러나듯이 이 대회에서는 '여성의 권리'를 '보편적 인권'과 동일시하는 데

중점을 두었다.[54)]

　　그러나 여성의 권리에 대한 외침 이면에는 '성과 재생산권'을 '분열할 수 없고 보편적이며 양도할 수 없는 인권'[55)]으로 둔갑시키기 위한 의도가 숨어 있었다. 1994년 카이로 세계인구대회가 세계적인 인구통제 정책을 여성 개인의 재생산권의 문제로 방향 전환하는 데 중요한 역할을 했다면, 1995년 4차 세계여성대회는 재생산권을 여성의 인권으로 선포하였고 더 나아가 '성적 자기결정권'도 여성의 인권에 포함시킴으로써 미국의 급진적 페미니즘 사상을 전 세계에 확산시키는 공식적 발판 역할을 했다.

　　페미니스트들의 성적 자기결정권과 재생산권의 숨은 뜻을 간파한 바티칸 교황청은 이 용어들의 불분명한 의미가 다양한 해석의 여지를 남겨줄 수 있음을 강력하게 비판했다. 교황청은 행동강령에 명시된 성적 자기결정권과 재생산권에 낙태나 피임을 결코 포함시킬 수 없으며, 성적 자기결정권은 혼외 관계나 동성애에 적용될 수 없는 개념임을 명확히 하였다.[56)]

3. '젠더'를 공식 용어로 채택 결의

　'젠더'용어는 북경 세계여성대회에서 비로소 공식적으로 사용하기로 결의되었고, 이후 '젠더'어젠다가 여성계의 중심 과제 및 전략이 되었다. 젠더 용어가 공식적으로 등장한 시기는 1985년 나이로비에서 열린 제3차 세계여성대회이다. 나이로비 회의에서는 젠더가 총 16회 사용되었고, 북경회의에서는 200회 넘게 등장시키면서 비로소 젠더를 공식적인 정책 용어로 채택하기로 결의하였다.

그러나 교황청은 행동강령에 등장하는 젠더 용어에 대한 위험성을 언급하였는데 젠더의 애매모호한 개념으로 인한 양성의 해체를 우려하면서 젠더는 생물학적인 남성과 여성만 의미하는 것임을 다음과 같이 분명히 짚고 넘어갔다.[57]

교황청은 '젠더'라는 용어가 남성 혹은 여성이라는 생물학적 성적 정체성에 근거를 두고 있는 것으로 이해한다. 또한, 행동강령 자체는 '두 개의 성(both genders)'이라는 용어를 분명히 사용한다. 따라서 교황청은 성적 정체성이 새롭고 다른 목적에 맞게 무한정 적응될 수 있다고 주장하는 세계관에 근거한 의심스러운 해석은 배제하고 있다. 그것은 또한 두 성별의 모든 역할과 관계가 하나의 정적인 패턴으로 고정되어 있다는 생물학적 결정론적 개념에 동의하지 않는다.[58]

'젠더'에 대한 교황청의 입장표명과 관련하여 프랑스와 지라르(Françoise Girard)는 교황청이 당시 페미니스트와 성적 자기결정권 옹호론자들의 숨은 의도를 간파하고 있었다고 설명했다.

젠더의 '숨겨진 의미'에 대한 교황청의 주장은 성(sexuality)에 관한 현대의 논쟁에 대해 교황청이 충분히 인지하고 있음을 명확히 보여줬다. 협상의 자리에서 대부분 정부와 페미니스트 활동가들이 사실상 '여성'의 대체 용어로서 현대의 정치적 용법에 따라 '젠더' 용어를 사용하고 있는 동안, 교황청은 생물학적 성으로부터 성의 사회적 역할, 정체성 및 표현을 분리하고자 하는 의도를 일찌감치 간파했다.[59]

결국 페미니스트들이 큰 영향력을 행세하는 가운데 행동강령이 공표되었고 교황청과 일부 회원국들은 '성적 자기결정권', '재생산권', '젠더' 등 다양한 해석의 여지를 남겨줄 수 있는 불분명한 표현 사용에 대해 유보시키는 조건에 행동강령이 발표되었고 이로써 페미니즘의 성평등(gender equality) 실현을 위한 움직임이 전 지구적으로 본격화되었다.

3

우리나라에 깊이 스며든 페미니즘

본 장은 우리나라의 정책과 법에 페미니즘이 얼마나 깊이 침투해 있는지를 집중적으로 다뤄보도록 하겠다. 제도권 밖에서의 여성운동에 지나지 않았던 페미니즘이 제도 속으로 침투한 지 대략 30여 년 정도밖에 되지 않았지만, 그 짧은 기간 동안 모든 국가의 정책에 촘촘히 스며든 페미니즘이 현재 우리에게 미치는 영향력은 가히 상상을 초월한다. 이 장에서는 특히 우리나라 페미니즘의 제도화와 법제화 과정을 살펴보겠다.

❶ 페미니즘의 제도화 과정

    우리나라의 페미니즘은 여성주의운동[60], 여성정책, 그리고 페미니즘 이론[61]이 서로 유기적으로 결합되어 여성 관련 국가정책의 방향을 좌지우지하고 있다. 이 세 분야는 서로 맞물려 상생하는 구조로 돌아가는데 조직적이고 치밀한 작업의 결과 페미니즘이 매우 짧은 기간에 모든 영역에 깊숙이 자리 잡게 되었다. 이들의 연계 구조를 살펴보면 다음과 같다.

    학문으로서의 페미니즘은 여성의 억압은 무조건 존재한다는 것을 기본 전제로 깔고 여성억압의 원인을 진단하고 문제의 근원인 가부장적 사회구조의 분석을 통해 사회에 만연한 성차별적 현상을 이론화한다. 페미니즘적 패러다임을 구성하기 위한 제반 작업을 하는 것이라고 할 수 있겠다. 여성주의운동가들은 이러한 원인분석 및 진단을 바탕으로 여성억압적 구조를 변화시키기 위한 대안을 제시하고 현실화시키는 작업에 착수한다. 그러면 여성기구(여성가족부)는 제시된 대안들을 실질적인 정책으로 이어질 수 있도록 함으로써 페미니즘을 제도적으로 실현시킨다. 현실화 과정에서 다시 여성운동가들은 여성가족부 및 지방자치단체의 예산을 받거나 일부 업무를 위탁받아 페미니즘 정책을 실천에 옮긴다. 이런 과정에서 페미니즘

이론가들과 여성활동가들이 제도권 영역으로 본격적으로 진입하게 되었는데, 1990년대 후반부터 여성학 연구자들, 여성단체 활동가들이 중앙부처와 지방자치단체의 공무원 혹은 정책연구자로 투입되었다. 여성주의적 관점이 국가의 운영과 국가정책에 직접 영향을 미치는 페모크라트(femocrat)[62]의 시대가 도래하게 되었다.[63]

❷ 시기별 페미니즘의 제도화

1980년대에 본격적인 활동을 시작한 진보적 여성운동가들(한국여성단체연합 1987년에 설립)은 민주화 운동권과 결합하여 성장하면서 여성 관련 문제를 담당할 정부기구 및 부서의 부재에 대해 비판해왔으며, 그로 인해 1983년 국무총리 산하 '여성정책심의위원회'가 설치되었다. 1984년에는 유엔여성차별철폐협약(CSW)을 체결하면서 여성업무 담당 부서의 필요성이 제기되었고, 1987년 (제2)정무장관실이 신설되어 여성정책 업무를 독립적으로 다루기 시작했다. 이와 함께 여성을 위한 정책이 본격적으로 제정되었는데 그 중 대표적인 법으로 「남녀고용평등법」(1987년 제정), 「영유아보육법」(1991년 제정), 「모자복지법」(1989년 제정) 등을 들 수 있다.

1995년에는 북경에서 개최됐던 유엔 4차 세계여성대회 참석 후 정부 차원의 포괄적인 여성 관련 정책개발의 필요성이 대두되면서 「여성발전기본법」(1995)이 제정되었고, 이후 김대중 정부 시절 대통령 직속 기구인 여성특별위원회(1998)가 신설되었다. 그러나 여성운동가들은 여성정책 전담기구의 필요성을 끊임없이 피력하였고 여성부의 위상과 기능에 대한 구체적인 안을 제시하면서 설득한 결과 2001년에 여성정책의 집행 및 조정 업무를 전담하는 국가정부기구로서 여성부가 출범하였다.[64] 여성부는 2005년에 여성가족부로 개편되면서 보건복지부의 영유아 보육업무를 이관받았으나 2008년 이명박 정부의 출범 이후 다시 여성부로 축소되었다. 그리고 2010년에는 청소년, 가족정책 업무를 담당하면서 여성가족부로 다시 재편되어 현재까지 이르렀다.

❸ 여성정책 방향의 변화

우리나라 여성정책은 1980~1990년대에는 여성을 복지수혜의 대상으로서 여성과 가족 대상 복지정책 위주로 이루어졌다면(Women in Development: WID) 2000년대 이후 양성평등이라는 큰 그림 속에서 구조적 성별 위계를 철폐하기 위해 페미니즘 정책, 즉 젠더 정책(Gender and Development: GAD)으로 전환되었다고 볼 수 있다. 그리고 이때부터 국제사회의 흐름을 같이 하면서 성 주류화(Gender Mainstreaming) 전략을 본격적으로 도입하기 시작했다. 이러한 여성정책의 패러다임 전환을 가져다준 두 가지의 중요한 사건으로 1994년 유엔 카이로 인구개발회의와 1995년 북경 제4차 세계여성대회를 들 수 있다.

1994년 인구개발회의 & 1995년 제4차 세계여성대회

이 두 대회의 성격은 다르지만 공통적으로 페미니스트들이 장악한 회의로서 전 세계에 페미니즘을 조직적으로 확산시키게 된 중요한 대회라고 볼 수 있다(각 회의에 대한 자세한 논의는 2장 참조할 것). 1994년 인구개발회의는 재생산권의 개념이 공식적으로 등장하면서 여성들에게 낙태의 자유를 권리로 선언했을 뿐 아니라 재생산권 행세를 위한 성교육의 필요성을 언급하며 당시 행동강령에 포괄적 성교육의 도입을 명시했다. 1995년 세계여성대회는 재생산권과 함께

성적 자기결정권을 여성의 인권으로 둔갑시켰을 뿐 아니라 당시에
도 논란이 많았던 '젠더'용어를 회원국들에게 공식적으로 사용하도
록 권고했다. 우리나라는 이 시기를 기점으로 페미니즘이 법과 정책
속에 스며들기 시작했다.

❹ 법 속에 스며든 페미니즘

1. 법 속에 스며든 페미니즘 1: 「양성평등기본법」

우리나라는 1995년 북경 세계여성대회 참석 이후 「여성발전기본법」 제정을 시작으로 본격적으로 여성정책을 정비하기 시작했고, 2000년대 이후 유엔이 결의한 성 주류화 전략을 여과 없이 수용하면서 국제사회의 흐름과 같이했다. 그리고 2015년 「여성발전기본법」을 「양성평등기본법」으로 전면개정하면서 성 주류화의 법체계를 정비했다.

1) 「양성평등기본법」을 통한 성 주류화 조치 규정 체계화

「양성평등기본법」 개정 목적 중 하나는 성 주류화를 정책적으로 실현하기 위한 법체계를 정비함으로써 궁극적으로 '정치·경제·사회·문화의 모든 영역에서 양성평등을 실현'하기 위한 것이다.[65] 그래서 「양성평등기본법」 제3장 제1절 '양성평등정책 촉진'의 제14조부터 제19조(자세한 내용은 〈별첨 1〉 참조)에 성 주류화 관련 규정을 신설하여 성 주류화 조치 규정을 체계화하였다. 입법·행정·사법 영역에서 양성평등 관점을 통합하도록 하는 성 주류화 조치 규정(제14조)을 신설하고, 이를 구현하기 위한 도구(4G)인 성별영향평가(제15조), 성인지 예산(제16조), 성인지 통계(제17조), 성인지 교육(제18조) 조항을 보완 및 정비하였다.

그리고 여성가족부 장관이 국가의 양성평등 수준을 계량적으로 측정하기 위한 국가성평등지표와 지역성평등지표를 개발, 보급하도록 하고, 매년 국가성평등지수를 측정 및 공표하도록 함으로써 성평등 정책의 성과와 발전 추이를 지켜볼 수 있도록 하였다. 또한, 성주류화 실현을 위한 네 가지 도구(4G)를 실행시키기 위한 기관으로 기존의 한국여성정책연구원(제5장 제45조)과 한국양성평등교육진흥원(제5장 제46조)의 운영에 관한 규정이 신설 및 개정되었다.

「양성평등기본법」에 나타난 성 주류화 전략 실행 과정을 정리하면 다음과 같다. 우선 한국여성정책연구원은 다양한 "법령과… 성평등에 영향을 미칠 수 있는 계획 및 사업 등이 성평등에 미치는 영향을 분석 및 평가"(제14조 성별영향분석평가)하고 이를 바탕으로 성별로 구분한 통계인 성인지 통계(제17조)를 산출해서 관련 기관에 보급한다. 즉, 성별영향분석평가와 성인지 통계는 여성이 사회구조적으로 차별을 받고 있다는 것을 전제로 하여 국가와 지방자치단체의 정책 및 사업 등이 얼마나 여성에게 불평등하게 적용되고 있는지를 분석하고 수치로 확인할 수 있도록 하고 있다.

그리고 이 통계를 참고하여 예산이 남성과 여성에게 동등하게 반영이 될 수 있도록 하는 성인지 예산을 실시한다(제16조). 성인지 예산제도는 2010년 29개 중앙행정기관의 195개 사업을 대상으로 7조 5,000억 원 규모로 시작되었다. 그러나 해를 거듭하면서 지속적으로 불어나더니 2017년 350개 사업을 대상으로 29조 원, 2018년도는 354개 사업에 33조 원, 그리고 2021년 현재는 304개의 사업에 35조 원에 달하는 어마어마한 예산이 투입되고 있다. 그리고 이와 함께 양성평등교육진흥원(이하 양평원)에서는 공무원과 학교에 성인지 감수성을 향상시키기 위한 성인지 교육 연구 및 강사 양성을 담당한다. 이렇게 성 주류화 실현을 위한 도구를 유기적으로 실행시킬 때 비로소 그들이 목표하는 실질적 양성평등에 도달할 수 있다는 것이다.

2) 성 주류화 전략의 문제점

(1) 모호한 성인지 용어의 사용

성 주류화 전략을 실행시키는 과정은 여러 가지 문제점을 안고 있는데 세 가지를 살펴보면 다음과 같다. 첫 번째 문제는 북경 세계여성대회에서 성 주류화 전략의 일환으로 등장한 성인지 감수성(gender sensitivity) 용어의 모호성에 있다. 여기에서 그들이 말하는 성인지란 '성별에 기반한 차별과 고정관념, 폭력 등을 인식할 수 있는 지식, 의식, 태도 등'을 의미한다.[66] 즉, 성인지란 남녀의 차이가 아닌 '차별과 고정관념'을 인지하라는 매우 성차별적인 의미를 내포하고 있어서 모든 사회 현상을 남녀차별의 시각으로 접근하고 여자에게 피해의식을 주입시키는 결과를 가져온다. 그리고 감수성은 민감하게 느끼는 감정이라는 의미로서 개념 자체가 모호하고 확립된 기준도 없기 때문에 성차별과 성별 불평등을 감지해내는 판단 근거로 사용하는 것은 분명히 문제가 있다.

그러나 양평원은 「양성평등기본법」 제46조를 근거로 공무원 대상으로 성인지 감수성을 높이기 위한 성인지 교육을 의무적으로 진행하고 있는 실정이며 이를 예비교사와 공교육에도 확대실시할 계획을 갖고 있다. 결국, 여성의 성차별과 불평등을 민감하게 인지하라는 성인지 교육은 양성평등은커녕 오히려 남녀의 갈등만 더욱 악화시키는 모순을 안고 있다. 그러나 이러한 모순을 전혀 감지하지 못하는 양평원은 현재 문제되는 남녀의 갈등 악화는 성인지 감수성을 높이는 교육의 부재 때문으로 보고 있으며 오히려 성인지 교육을 강화시키려고 하는 안타까운 상황이다.

(2) 남녀차별과 기계적인 여성할당제

성 주류화 전략의 두 번째 문제점은 사회 모든 현상을 남녀차별의 시각으로 접근한다는 것이다. 성 주류화 실현을 위한 첫 번째 도구인 성별영향평가는 사회 모든 영역을 남녀차별의 시각으로 분석, 연구, 데이터화하며 남녀의 완전한 평등을 명목으로 개인의 능력보다는 성별을 기준으로 여성할당제를 강요함으로써 기회의 평등이 아닌 기계적이고 절대적인 평등을 조장한다. 결국, 남녀의 타고난 차이와 특성을 무시하고 여성에게 특별한 혜택을 더 주거나 더 배려해줌으로써 결과적이고 실질적인 양성평등에 도달하는 것이 그들의 목표인 것이다.

(3) 잘못된 성인지 예산의 사용

그리고 세 번째는 성인지 예산 사용의 부적절성과 실효성에 대한 문제이다. 2008년 성인지 예산의 취지는 편성 과정에서 양성평등 관점을 적용함으로써 모든 국민이 성차별 없이 국가 재원의 혜택을 받도록 하는 것이다. 예산 편성과 집행 과정이 여성과 남성에게 미치는 영향을 미리 분석하고 평가해서(성별영향평가) 기존 제도에 반영하고 있다. 성인지 예산 제도는 국가 예산이 특정 성별에 쏠리는 정책을 보완하거나 양성평등 관련 사업을 추진하기 위해 만들어졌는데, 문제는 성인지 예산제도가 시행된 2010년(7조 5,000억)부터 2021년(34조 9,311억)까지 투입된 수백 조에 달하는 성인지 예산의 상당 부분이 부적절하게 사용되고 있다는 것이다.

성차별을 없애겠다는 본래 목적과 달리 양성평등과 무관한 사업들이 자금줄로 전락한 것이다. 정부 부처들은 성인지 예산 대상사업으로 분류가 부적절한 사업을 포함시키거나 성평등과 무관한 사업도 수혜 대상자를 성별로 나눠 표기해서 성인지 예산으로 전환시키는 등 예산이 엉터리로 사용되고 있다.

부적절한 성인지 예산의 사용과 관련하여 국회예산정책처는 성인지 예산 대상 '사업 분류 기준이 국제적·객관적으로 제시'되어 있지 않으며 예산 투입의 '실질적으로 측정할 수 있는 성과지표'의 부재를 지적하였다.[67] 국회예산정책처에서 지적한 부처별 성인지 대상 사업으로 보기 부적절한 사업들을 몇 가지만 살펴보면 다음과 같다.

성인지 대상사업으로 분류 부적절[68]

부처명	세부사업	분석 의견
과학기술 정보통신부	과학영재양성	대학부설 과학영재교육원, 과학고·영재학교 대상자 선정은 지원자의 객관적 역량에만 근거하는 것으로, 선정 과정에서 성인지적 측면을 고려하기 어려움
국방부	민간위탁교육(생산적 군복무 여건 보장 및 인적자원개발)	군위탁생 선발은 지원자의 객관적 역량에 근거하는 것으로, 선정 과정에서 성인지적 측면을 고려하기 어려움 군위탁생 선발자의 남녀 비율에서도 유의미한 성불평등 실태를 도출하기 어려움
행정 안전부	정부핵심정책 및 지방 공무원 직무 관련 사이버교육용 콘텐츠를 개발하여 공무원 대상 사이버교육센터를 운영	사이버교육 수료는 성별 관련 제한이 없음 사이버교육 수료자의 성별 비율을 동 사업을 통해 개선하기 어려움

부처명	세부사업	분석 의견
농림축산 식품부	한국농수산대학교육 운영	한국농수산대학교 운영 사업의 수혜자 선정은 지원자의 객관적 역량에 근거하기 때문에 선정 과정에서 성인지적 측면을 고려하기 어려움
보건 복지부	아동수당 지급 영유아보육료 지원	아동수당 및 영유아보육료 지원사업의 대상자 선정은 법령에 따라 해당 연령의 모든 아동에게 지급하는 것이므로, 대상자 선정 과정에서 성인지적 측면을 고려하기 어려움
국토 교통부	철도핵심인력양성 (철도장학금 지원)	남녀 성별을 고려하지 않고 장학요건을 갖추는 경우 장학금을 지원하므로, 사업 수행 시 양성평등적 요소를 고려할 필요성이 높지 않음

또한, 국회예산정책처는 "성인지 예산제도를 통해 정부 재정사업이 성평등하게 개선되면 국가성평등지수는 향상되고, 반면에 국가성평등지수에서 성별 격차가 크게 나타나는 분야는 성인지 예산제도를 활용하여 격차를 해소할 수 있어야"하는데 "성인지 예산제도와 국가성평등지수 사이에 연계성은 없는 것으로 보인다"고 지적하면서 성인지 예산의 실효성에 의문을 제기했다.[69]

(4) 성별 갈등 악화시키는 성인지 교육

페미니스트들이 주장하는 사회에 만연한 성차별을 타파하기 위한 일환으로 성인지 예산의 일부가 공공기관과 학교에서의 성인지 교육으로 편성되어 사용되고 있다. 즉, 이 사회는 성차별이 만연하기 때문에 이를 없애기 위해서, 즉 성인지 감수성을 높이기 위한 교육을 실시해야 하며, 모든 연령대로 확대시켜야 한다는 것이다. 심지어 여성가족부는 2021년 봄 모든 유치원생과 예비 교사들에게도 성인지 교육을 의무화해야 한다고 주장하며 상당한 예산을 쏟아붓고 있는 실정이다.

성인지 교육의 목표는 실질적 양성평등을 실현하기 위함이지만, 실제 그들이 가르치는 내용은 성별 불평등, 성차별, 성별 고정관념 등에 초점이 맞추어 있어 성차별적인 시각을 지속적으로 주입시킴으로써 성차별에 대한 인식만 높여서 성별 갈등을 조장할 뿐이다.

2020년 여성가족부 산하 한국양성평등교육진흥원에서 제작해서 유튜브 '젠더온'에 등록되었던 성인지 교육 동영상에서 나윤경 원장이 공개적으로 남성을 '잠재적 가해자'라고 명명하면서 그렇지 않다면 "나쁜 남성들과는 다른 사람임을 증명하며 노력"하라는 주장은 큰 논란을 불러일으켰다. 모든 남성을 가해자 취급해버리고 무고한 남성이 본인의 결백함을 증명해야 한다는 논리는 우선적으로 헌법 제27조 제4항에도 명시되어 있는 무죄 추정의 원칙에 위배되며, 이러한 편협한 접근은 결코 남녀를 양성평등한 관계로 만들어 줄 수 없으며 성별 갈등 구도만 더욱 강화시킬 뿐이다.

2. 법 속에 스며든 페미니즘 2: 낙태죄 폐지 시도

페미니즘 실현의 또 다른 큰 구체적인 목표는 바로 낙태죄 폐지이다. 페미니스트들은 성적 자기결정권과 재생산권이라는 개념을 앞세워 태아 살인을 정당화하려는 노력을 끈질기게 하고 있다. 여성의 권리만 주장하는 나머지 엄연히 보호받아야 할 태아의 생명권은 처참히 묵살되고 있는데 이는 분명 보편적 인권의 개념에 어긋나는 것이다. 그럼 성적 자기결정권과 재생산권의 개념은 언제부터 등장했으며 어느 법에 근거한 권리인가? 태아의 생명권을 보호할 법적인 근거는 없는 것인가?

이 섹션은 우선적으로 태아의 생명권을 보호하는 유엔 선언 및 조약을 살펴봄으로써 생명권 보호를 위한 법적 근거를 제시하고, 두 번째로 재생산권과 관련된 유엔의 각종 선언과 규약들이 등장하게 된 배경과 함께 재생산권의 논리적 모순을 짚어보도록 하겠다.

1) 아동의 권리

전 세계적으로 성인과 구분되는 아동의 개념은 20세기에 들어와서 본격적으로 등장하였다. 국제사회에서는 1924년 국제연맹(League of Nations) 총회는 '아동권리에 관한 제네바 선언(Geneva Declaration of the Rights of the Child)'을 채택하여 아동을 권리의 주체가 아닌 보호와 구제의 대상으로 바라보기 시작했다.[*] 그리고 유엔은 제네바 선언의 이념을 계승하여 1959년 '아동권리선언(Declaration of the Rights of the Child, DRC)'[**]을 선포했으며 1979년을 '세계 아동의 해'로 지정했다. 그리고 1989년에 비로소 유엔총회에서 아동의 권리를 보호하는 구속력 있는 조약인 '아동권리협약(Convention on the Rights of the Child, CRC)'이 만장일치로 채택되었다.

2) 태아의 생명권이 포함된 아동의 권리

1959년 유엔은 아동의 권리와 자유를 보장하기 위한 목적으로 '아동권리선언(DRC)'을 선포했는데 이 선언문에 언급한 10개 조항은 1989년 '아동권리협약(CRC)'의 기초가 된다. 여기에서 중요한 점은 1959년 아동권리선언의 서문과 원칙 4에 태아의 생명권을 명확히 언급하고 있다는 것이며 선언의 내용은 다음과 같다.

서문

아동은 신체적으로나 정신적으로 성숙하지 못한 상태이기 때문에 태어나기 이전뿐만 아니라 태어난 이후에도 적절한 법적 보호를 포함하여 특별한 보호와 권리를 받아야 한다.

---

[*] http://www.un-documents.net/gdrc1924.htm
[**] http://www.cirp.org/library/ethics/UN-declaration/

원칙 4

아동은 사회 보장 제도의 혜택을 누려야 한다. 아동에게는 건강하게 성장하고 발달할 권리가 보장되어야 한다. 이 목적을 실현하기 위해 <u>아동과 어머니는 모두 다 출생 전후의 적절한 보살핌을 포함하여 특별한 관리와 보호를 받아야 한다.</u> 아동에게는 적절한 영양 섭취와 주거 시설과 오락과 의료 서비스를 제공받을 수 있는 권리가 보장되어야 한다.***

태아에 대한 특별한 보호의 필요성은 1924년 채택된 '제네바 아동 권리 선언'에서 언급되었고 '세계 인권선언'과 아동 복지와 관계된 특별 기구와 국제단체의 규약에서 인정되었다. 이 동일한 문구는 1989년 채택된 유엔아동권리협약 전문에 그대로 명시되어 있으며 다음과 같다(1990년 10월 2일부터 국제법으로서 효력 발생).

아동에 대한 특별한 보호를 확대해야 할 필요성은 1924년 아동권리에 관한 제네바 선언과 1959년 11월 20일 유엔총회가 채택한 아동권리선언에 명시되어 있으며, 세계인권선언, 시민적·정치적 권리에 관한 국제규약(특히 제23조 및 제24조), 경제적 사회적 문화적 권리에 관한 국제규약(특히 제10조), 그리고 아동 복지와 관련된 전문기구와 국제기구

*** http://www.cirp.org/library/ethics/UN-declaration/

의 규정 및 관련 문서에서 인정되었음을 명심하고,

아동권리선언이 명시하는 바와 같이, "아동은 신체적 정신적으로 미성숙하므로 <u>출생 전후 모두 적절한 법적 보호를 비롯해 특별한 보호와 돌봄이 필요하다</u>"는 점에 유념하며^{****}

위 전문에 나오는 아동이란 출생 전후 적절한 법적 보호를 비롯해 특별한 보호와 돌봄이 필요한 미성숙한 존재를 의미한다. 국제기구는 분명히 보편적인 인권에 아동의 인권을 포함시키고 있으며 아동의 인권에는 태아의 생명권도 포함시키고 있음을 확인할 수 있다.

1) 여성인권으로서의 재생산권 개념의 국제적 등장

그러나 1968년 태아의 생명권은 위기를 맞게 된다. 테헤란에서 열린 제1차 유엔세계국가인권대회(United Nations International Conference on Human Rights)에 처음 '재생산권'이 인권의 일부로 등장했기 때문이다.^{*****} 1968년 5월 13일 공표한 테헤란 선언에는 다음과 같은 내용이 언급되어 있다. "부모는 자녀의 수와 간격을 자유롭고 책임감 있게 결정할 수 있는 기본적인 인권을 가지고 있다"[70]

**** https://www.ohchr.org/en/professionalinterest/pages/crc.aspx
***** https://en.wikipedia.org/wiki/Reproductive_rights#Proclamation_of_Tehran

재생산권은 1969년 유엔 사회진보발전선언에 다시 등장한다. 그리고 1979년 유엔에서 채택한 여성차별철폐협약에도 여성의 재생산권이 명시되어 있다. 제4부 제15조 e항은 "자녀의 수 및 출산 간격을 자유롭고 책임감 있게 결정할 동일한 권리와 이 권리를 행사할 수 있게 하는 정보, 교육 및 제 수단의 혜택을 받을 동일한 권리"를 명시하고 있다.

본격적으로 '재생산'을 여성의 권리로 공식적으로 규정짓는 주요 사건으로 1994년 카이로 국제인구개발회의와 1995년 북경 세계여성대회를 들 수 있다. 유엔 주재의 이 두 세계대회는 1970~1980년대 미국을 중심으로 서구사회 전반에 영향을 미치기 시작한 페미니즘을 통해 '재생산권'이라는 개념이 전 세계에 확산된 중요한 대회이며 이를 기점으로 태아의 생명권은 보호의 사각지대에 놓이게 되었다.(두 국제회의의 재생산권에 대한 자세한 논의는 2장 참고할 것).

2) 재생산권의 심각한 논리적 모순

그러나 반드시 짚고 넘어가야 할 부분은 '재생산권'의 개념이 1995년 북경 세계여성대회 행동강령 내에서 이미 논리적 모순을 보이고 있다는 것이다. 행동강령 39단락을 보면 어린 여성들 대상의 폭력 및 학대에 대한 반대를 언급하면서 "여성 유아 살해와 태아 성 선택, 근친상간, 여성 생식기 훼손 및 아동 결혼을 포함한 조기 결혼과 같은 폭력"을 근절시키라는 지침이 있다. 또한, 정부는 "여성에 대한 폭력행위와 관습 즉 여성생식기 절단, 여영아살해, 태아 성감별, 지참금 관련 폭력 등과 같은 여성에 대한 관행을 저지르는 자에 대한 법률을 제정하고 시행"하라는 지침을 따르도록 하고 있다 (124단락 i항목). 여기에서 주목해야 할 부분은 '태아 성감별(prenatal sex selection)', 즉 선택적 성별 선택, 혹은 선택적 낙태를 '폭력'으로 보고 있다는 점이다.

또한, 227단락 c항목에 "모든 형태의 차별과 태아 성 선택과 여성 유아 살해와 같은 해롭고 비윤리적인 관행을 초래하는 아들 선호의 근본 원인을 제거하라"는 조항이 있는데 여기에서는 '태아의 성 선택'을 영유아 살해와 동일하게 '해롭고 비윤리적인 관행'으로 규정하고 있다는 점이다. 이는 같은 행동강령 내에서 낙태를 '권리'라고 외치는 동시에 폭력과 비윤리적인 행태로 인정하는 꼴이니 매우 모순된 논리가 아닐 수 없다.

또한, 재생산권은 아동의 특별한 보호의 필요성을 인정하는 수많은 유엔의 규약 및 규정과 충돌한다. 1989년 채택된 '유엔아동권리협약'은 "유엔 체제하의 모든 국민들이 인권과 인간의 존엄성에 대한 신념을 유엔 헌장에서 재확인"[71]했음을 유념한다고 명시하고 있는데 여기에서 지칭하는 '모든 국민'에는 아동이 포함된다. 또한,

'유엔아동권리협약'은 아동이란 1959년 아동권리선언의 서문에 명시된 바와 같이 "신체적·정신적으로 미성숙하므로 출생 이전부터 아동기를 마칠 때까지 적절한 법적 보호를 비롯해 특별한 보호 조치와 돌봄이 필요"[72]한 존재임을 명확히 하고 있다. 요컨대, '모든 국민'은 출생 이전의 태아까지를 포함하는 개념으로서 「유엔인권헌장」의 원칙에 따라 태아의 인권과 존엄성은 마땅히 보호받아야 한다는 것은 어느 누구도 부인할 수 없는 명백한 사실이다. 이에 따라 세계인권선언, 시민적·정치적 권리에 관한 국제규약(특히 제23조 및 제24조), 경제적·사회적·문화적 권리에 관한 국제규약(특히 제10조) 및 아동의 복지와 관련된 전문기구와 국제기구의 규정 및 관련 문서들은 아동의 특별한 보호의 필요성을 인정하고 있다.

그러나 1994년 카이로 국제인구대회와 1995년 북경 세계여성대회에서 페미니스트들의 집요한 노력 끝에 등장한 재생산권은 분명히 위에 명시된 각종 유엔 규약 및 규정에서 보호하는 아동의 인권과 전면 상충된다. 이러한 논리적 모순은 여성의 재생산권이 보편적 인권에 근거하지 않다는 것을 의미하며, 결국 페미니스트들이 낙태, 즉 재생산권을 여성의 인권으로 둔갑시켜 보편적 인권과 충돌하면서 발생한 것이다. 페미니스트들이 유엔을 통해 전 세계에 확산시키는 재생산권은 그들이 임신과 출산에서의 해방을 누릴 수 있는 근거를 마련하기 위해 각종 로비와 압력의 결과로 만들어진 반 보편적이고 반윤리적인 개념이다.

3) 우리나라 낙태죄의 변천 과정

그러면 우리나라는 언제부터 낙태가 불법이 아닌 권리로, 그리고 낙태죄 폐지가 마치 여성의 자유와 권리를 위한 필수요소로 변했는가?

우리나라는 1953년 9월 18일 제정된 형법의 제296조 및 제270조에서 낙태한 여성과 의사 등에 대한 처벌을 규정함으로써 어떤 이유로든 낙태를 엄격히 금지했다.[73] 그러다가 1960년대에 미국을 중심으로 한 서구 선진국들은 제3세계의 인구 증가를 빈곤과 자원 부족의 원인으로 판단하여 국제가족계획연맹(International Planned Parenthood Federation)을 통해 개발도상국들의 인구통제정책을 수용하도록 종용하였고 이에 대한 재정적 원조와 프로그램을 진행했다. 그런 흐름 속에서 우리나라는 1961년부터 시작된 '경제개발 5개년계획'의 일환으로 가족계획사업을 본격적으로 시행하면서 피임과 낙태 시술을 권장했다. 그런 가운데 1973년 제한적 낙태의 허용한계를 규정하는 「모자보건법」[74]이 제정되었지만 1996년 인구조절정책이 폐지될 때까지 낙태죄와 모자보건법은 '사문화'되어 법적 효력을 발휘하지 못하였고 낙태 시술은 음성적으로 행해졌으며 용인됐다.

그러다 2000년대에 들어서 그동안의 지나친 인구억제정책으로 인한 출산율 급감에 대한 위기의식이 사회적으로 공론화되었고, 2003년에서야 비로소 저출산 현상에 대한 정부의 공식적 대응이 본격화되었다.[75] 정부는 2005년에 「저출산·고령사회 기본법」을 제정하고 대통령 직속 '저출산·고령사회 위원회'를 설치했다. 그리고 5년마다 중장기 계획을 수립하고 저출산 완화 및 고령사회 대응을 적극적으로 추진토록 하였다.[76]

저출산에 대한 위기의식이 공론화되고 정부의 정책이 피임장려에서 출산장려로 전환되면서 낙태죄에 대한 문제가 본격적으로 제기되었다. 이미 국내 출산율이 세계 최저 수준인 가운데 2009년 11월 25일 대통령 직속 미래기획위원회는 대통령 주재 제1차 '저출산 대응 전략회의'를 열어 출산장려정책과 함께 낙태방지정책을 발표했다. 그리고 2009년에는 '프로라이프의사회'가 결성되어 임신중절수술을 한 병원을 고발하였으며, 2010년 3월 보건복지부는 「불법 인공임신중절 예방 종합계획」을 발표하고 불법 인공임신중절 시술기관 신고센터를 설치하면서 불법 낙태 시술을 예방하고 생명존중 사회 분위기를 조성하는 노력을 기울였다.

낙태를 음성적으로 용인하던 정부가 인구급감이라는 사회적 문제에 대한 대응으로 낙태를 금지시키기 시작한 정부의 방향전환에 대해 페미니스트들은 불만을 품고 있었다. 낙태를 여성의 권리로 여기는 그들에게 있어서 정부의 방향전환이 전혀 달갑지 않았던 것이다. 이에 대한 대응으로 2010년에 페미니스트 단체, 사회정의 단체, 노동조합, 기타 진보 단체로 구성된 '임신·출산결정권을 위한 네트워크'가 결성되어 여성의 재생산권을 외치기 시작했으며, 모자보건법 제14조의 낙태 허용 사유에 사회경제적 이유를 추가할 것을 요구했다.

이런 가운데 2010년 한 조산사가 낙태 시술 혐의로 기소돼 헌법재판소에 낙태금지 재심사를 청구하면서 낙태죄와 관련한 헌법재판소의 첫 심사가 이루어졌다. 2012년 헌법재판소는 이 금지가 합헌이라는 결론을 내렸다. 헌법재판소는 태아의 생명권은 공공의 이익인 반면 낙태 선택권은 개인의 이익이라는 것에 주목하여 태아의 권리보다 여성의 권리가 더 중요할 수 없다는 판결을 내렸다.

그러나 2016년 9월 보건복지부가 임신중절수술을 '비도덕적'진료행위로 규정하고 이를 시행한 의사의 자격정지 기간을 12개월로 늘린다는 내용이 담긴 「의료관계 행정처분 규칙 개정안」이 발표되면서 낙태죄 논란이 다시 불거졌다. 낙태에 대한 처벌을 강화하는 내용의 의료법 개정안 발표는 낙태죄 폐지를 요구하는 대규모 집단시위를 촉발시켰다. 또한, 이 시기에 많은 여성단체와 강제 불임의 대상이었던 장애인 여성들이 연대하면서 성과 재생산 포럼을 개최하였는데, 그들은 2012년 낙태죄 합헌 판결(4:4) 당시 그들 패배원인을 성적 자기결정권과 생명권의 대결 구도에서 생명권의 승리로 분석했다. 그래서 낙태죄 폐지 성공을 위해 대결 구도의 프레임을 바꿀 필요가 있다고 본 그들은 낙태죄 폐지 운동의 방향을 '정부'대 '여성'으로 전환 설정하였다. 이때부터 페미니스트들은 정부를 인구조절 명목으로 성적 자기결정권과 생명권 둘 다 무시해온 가해자로 규정하면서 "낙태가 죄라면 범인는 국가다"라는 구호를 외치며 국가를 대상으로 낙태죄 폐지 운동을 더 활발히 진행하기 시작했다.

2017년에는 여러 시민단체가 연대하여 '모두를 위한 낙태죄 폐지 공동행동'을 발족하여 여러 차례 낙태죄 폐지 시위를 열었고, '낙태죄 폐지와 자연유산 유도약(미프진) 합법화 및 도입'을 요구하는 청와대 국민청원에 약 23만 명이 참여하는 등 낙태죄 폐지를 위한 끈질긴 운동을 지속해왔다. 이러한 페미니스트들의 끈질긴 낙태죄 폐지 운동은 결국 2019년 낙태죄 헌법 불합치라는 헌법재판소의 판결을 이끌어내는 안타까운 결과를 가져왔다.

4) 낙태죄 관련 법안 개정을 둘러싼 쟁점

헌법재판소는 태아의 생명권과 여성의 자기결정권을 함께 고려하여 2020년 12월 31일까지 형법과 연관된 모자보건법을 개정하도록 입법 시한을 제시했다. 이에 따라 정부안을 포함해서 6개의 낙태죄 관련 개정안이 올라왔다. 정부안은 임신 14주 이내의 낙태는 허용하되 '유전적 질환, 성범죄, 사회·경제적 사유가 있는 경우' 24주 안에서 낙태를 제한적으로 허용하는 내용을 담고 있다. 정의당 이은주 의원안은 낙태죄 전면 폐지와 더불어 낙태 수술을 받은 여성도 유산, 사산 휴가를 청구할 수 있도록 근로기준법을 개정하는 내용을 포함시켰다. 세 번째, 더불어민주당 박주민 의원은 형법 제269조 및 제270조를 전면 삭제하여 낙태죄를 폐지하는 안을 냈다. 더불어민주당 권인숙 의원의 입법안 역시 형법에 규정된 '낙태의 죄'를 폐지하고 주수 제한도 없앴다.

이에 반해 국민의 힘 조해진 의원은 심장박동 6주 이내에는 조건 없이 낙태를 허용하고, 6주부터는 최소 7일 이상의 숙려기간을 거쳐 10주 이내 사회·경제적 사유의 낙태를 허용하며, 성폭행 피해로 인한 임신이나 임산부의 생명을 위협하는 경우 등에 한해서만 20주까지 낙태를 허용하는 개정안을 내놓았다. 또한, 국민의 힘 서정숙 의원이 대표발의한 개정안은 모든 낙태가능 사유를 10주 이내로 제한함으로써 여성의 건강권을 최대한으로 보호하는 동시에 태아의 생명권을 보장한다. 이렇게 낙태죄 개정을 둘러싸고 자기결정권만을 우선순위에 두는 개정안과 태아의 생명을 최대한 보호하는 개정안들 간의 대결 구도가 형성되었다.

5) 낙태에 대한 국민들의 의견

  그렇다면 국민들은 낙태에 대해 어떠한 의견을 갖고 있는가? 진보 정치인들과 여성계가 주장하듯 국민들은 낙태죄 전면 폐지를 원하는가? 그렇지 않다. 2020년 10월 6일 전국 만 19세 이상의 여성을 대상으로 낙태에 대한 국민 여론조사에 의하면 '낙태를 허용한다면 낙태 허용 여부의 기준을 언제부터 하는 것이 타당하다고 생각하는가?'라는 질문에 '모든 낙태를 허용해야 한다'는 의견은 19.9%에 그쳤다. 강간, 근친상간, 산모의 생명 위험 등 특별한 경우를 제외한 모든 낙태를 반대한다는 의견에는 33.8%, 태아의 심장박동이 감지되는 시점인 6주 이전까지만 허용한다는 의견에 20.3%, 그리고 임신 10주까지 허용한다는 의견에 18.7%가 동의하였다. 이렇듯 대다수 여성은 낙태 전면 폐지에 동의하지 않으며, 허용이 된다 하더라도 10주 이내까지만 허용해야 한다는 의견을 냈다.[77]

  여론조사에서 확인할 수 있듯이 대다수 국민은 낙태를 반대하고 있지만, 일부 진보 여성계와 소수 의원만이 낙태죄 전면 폐지를 외치고 있다. 그리고 놀라운 것은 2020년 8월 27일 5개 부처 차관 회의 때 낙태죄 후속입법 추진을 논의하는 자리에서, 5개 부처 중 유일하게 여성가족부만 낙태죄 전면 폐지를 주장한 것으로 확인되었다.[78] 여성가족부의 낙태죄 전면 폐지 주장은 이때가 처음이 아니다. 2012년 헌법재판소의 낙태죄 위헌 여부를 가리는 헌법소원의 공개

변론 때 여성가족부는 낙태죄 폐지를 위한 공식 의견을 제출한 바 있다.[79] 여성과 가족을 보호하는 데 앞장서야 할 여성가족부가 페미니즘 실현의 일환으로 낙태죄 폐지에 앞장서고 있다는 것은 여성가족부가 중립성을 지켜야 할 정부부처로서의 역할을 상실한 기관임을 증명해 보인 것이다. 이러한 여성가족부의 편향적 행보는 많은 국민들에게 여성가족부에 대한 부정적 인식을 더 확산시켰으며, 더 나아가 여성가족부 폐지에 대한 많은 국민적 지지와 공감대를 형성하는 데 영향을 미쳤다.

또한, 낙태죄 전면 폐지는 결코 여성들을 위한 것이라고 할 수 없다. 실제 낙태는 여성의 건강과 밀접한 관련이 있다는 것이 의료계의 주장이다. 의료 전문가들은 인공임신중절이 모성사망으로 이어질 수 있는 위험한 수술이며 임신 10주 이후의 낙태는 산모 건강의 위험을 크게 증가시킨다고 발표했다. 태아는 임신 10주까지 대부분의 장기와 뼈가 형성되고 이후 성장을 지속한다. 태아가 성장할수록 낙태는 과다출혈, 자궁천공, 출혈, 패혈증, 양수전색증, 심혈관계합병증 등 합병증 위험이 커진다는 것이다.[80] 이런 전문가들의 의견에도 불구하고 정부는 10월에 임신 후기 바로 직전인 24주까지의 낙태를 허용하는 개정안을 내놓은 것이다. 2018년 보건복지부 조사[81]에 의하면, 전체 인공임신중절 시술의 95.3%가 3개월(12주) 이내에 이루어진 것(평균은 6.4주)으로 나타났고 3개월

(12주) 이내 수술이 2011년 94%에서 2018년 95.3%로 증가한 것을 확인할 수 있는 바, 굳이 낙태가 허용되는 기간을 늘리는 것은 여성의 결정권을 강화시키는 데 아무런 의미가 없고 오히려 여성의 건강상 위험만 증가시킨다.

'낙태의 죄'는 생명의 소중함, 인간의 존엄성에 가치를 둔 기본법에 기반한 법으로 여성주의자들이 주장하듯이 여성을 마치 재생산의 도구로 전락시키기 위한 법이 아니다. 낙태죄 전면 폐지, 혹은 확대 허용은 오히려 여성에게 더 큰 피해를 가져올 수 있다. 또한, 무분별한 성관계와 생명 경시 풍토를 더욱 조장하며 책임의식의 부재를 가져올 것이다. 낙태죄가 폐지되지 않은 현재에도 이미 하루에 3,000건이 넘는 낙태가 자행되고 있는 것이 현실이다. 그런데 만약 이 법이 폐지되면 더 많은 태아가 무분별하게 살해당할 수 있음을 충분히 짐작할 수 있다.

여성의 성적 자기결정권 및 재생산권을 외치는 페미니스트들은 마치 그들이 사회적 약자인 듯 포장하면서 여성의 권리를 외치고 있는데 그들의 논리대로 한다면 진정한 약자는 다름 아닌 태아이다. 자신의 권리를 위해서 엄연한 생명체의 살인도 마다치 않겠다는 행위는 결코 정당화될 수 없다. 소중한 생명인 태아를 마음대로 살해하는 것이 진정으로 여성의 인권을 보호하는 것인지 진지하게 묻고

싶다. 무책임한 이기주의를 위해 태아의 인권을 짓밟는 자들이 인권 운운할 자격이 있을까.

우리는 낙태죄를 폐지할 것이 아니라 모든 개인의 존엄성이 보장받을 수 있는 법, 소중한 생명을 죽이는 법이 아니라 살리는 법을 제정할 수 있도록 해야 한다. 모든 인간의 생명은 존엄하며 이는 보호받아야 마땅하다. 우리도 한때는 태아였으며 우리의 어머니들이 우리를 잉태하고 품어주었기에 지금 이렇게 살아 있음을 잊지 말자. 진짜 위대한 여성은 자신의 이기적인 권리 타령하는 자들이 아닌 여성으로서, 엄마로서, 아내로서의 자리를 귀하게 여기는 여성이다.

3. 법 속에 스며든 페미니즘 3: 「건강가정기본법」 개정 시도[82)]

페미니즘의 법제화를 통한 제도권 장악은 「건강가정기본법」 개정 시도를 통해서도 확연히 드러난다. 2020년 9월 더불어민주당 남인순 의원이 대표발의한 「건강가정기본법 일부 개정법률안」에 이어 11월 같은 당의 정춘숙 의원이 유사법안인 「건강가정기본법 일부 개정법률안」을 대표 발의했다. 이는 같은 해 1월 여성가족부가 발표한 '제4차 건강가정기본계획(2021-2025)'의 큰 틀 속에서 추진되고 있는 것인데 여성가족부는 이 기본계획을 통해 「건강가정기본법」

뿐 아니라 민법과 헌법까지도 개정할 것을 선언함으로써 현행가족
제도의 파괴를 통한 재개편을 꿈꾸고 있다. 그러나 「건강가정기본
법 일부 개정법률안」은 반헌법적일 뿐 아니라 우리가 유지하고 추
구해야 할 건강한 가정의 본질을 훼손하는 안이라고 할 수 있다. 그
럼 우선 2004년 제정된 「건강가정기본법」의 제정 배경을 간단히 짚
어보고 여성주의자들과 여성가족부의 「건강가정기본법」 개정 시도
에 깔린 의미를 살펴보겠다.

1) 건강가정기본법 제정 취지 및 배경

1990년대부터 본격적으로 이혼으로 인한 결혼 해체의 급증과 출
산율의 급락, 가족갈등 악화, 가정폭력 증가, IMF 경제위기와 맞물
려 신용불량 가계 부채의 증가로 인한 가족해체, 급속한 노령화로
인한 부양부담의 증가 등 많은 가족 문제가 발생하였다. 또한, 무자
녀 가정이 증가하고 독신 가구 혹은 만혼이 증가하며 여성 취업의
증가로 인한 자녀 양육에 대한 부담 등 가족의 환경이 급변하게 되
었는데 이에 대한 국가의 공식적 대응의 필요성의 일환으로 가정 관
련 법이 제정되었다.[83]

그러나 당시 한국여성단체연합을 중심으로 한 페미니스트들은
건강가정기본법이 '여성주의적 관점이 결여'되었다는 이유로 법 제
정을 강력히 반대하였다.[84] 그들은 '가족중심주의', '가족이기주의',

'정상가족 이데올로기', '이성애 중심 가족주의'라는 용어를 사용하며 사회질서 유지의 근간인 가정에 대한 중요성 및 가정 회복의 필요성 인식을 폄하하는 모습을 일관되게 보였는데 이는 2020년 발의된 개정안을 통해서 '건강가정'용어 및 '가족'이라는 정의규정을 삭제하려는 시도를 통해 여실히 드러난다.

　페미니스트들이 가정에 대한 비판적인 이유는 앞서 언급했듯이 가족제도란 여성들이 타파해야 할 가부장제의 근원지이기 때문이다. 즉, 페미니즘 논리에 의하면 가족은 남성이 여성을 억압 및 착취하고 남성권력을 강화시키는 장소이며 혼인과 출산, 그리고 자녀양육이라는 조합을 통해 가부장제가 유지 및 강화된다. 그 과정 속에서 여성은 가족제도 내에서 도구와 매개로서 전락한다. 그렇기에 이러한 가부장제는 타파되어야 하며 여성들은 가부장제를 지탱해주는 가정에서 해방되어야 한다. 구체적으로 말하자면 가정을 유지시키는 혼인, 출산, 모성애, 자녀양육 등 여성을 옭아매는 굴레에서 벗어나 사회로 진출하여 남성들과 같은 생산자로서의 역할을 감당할 때 비로소 자유로워질 수 있다는 것이다.

　"기존의 가족계획정책에서 '가족'이 중심에 서고 주체로서의 여성은 국가의 도구적이고 의무적인 존재에 가려 나타나지 않았던 것처럼, 여성은 여전히 가족 내의 존재, '결혼해야 하는 존재'로만 조

망되고 있다"는 문현아의 불만 섞인 주장은 가족에 대한 페미니스트들의 왜곡된 시각을 여실히 보여주고 있다.[85] 또한, 가정 내의 문제를 가족구성원 중심이 아닌 여성중심적인 관점으로만 해결하려는 움직임은 계속되고 있는데 「건강가정기본법」 제정 당시 여성학계의 비판 및 현 개정안에서의 페미니즘적 관점 관철 시도 역시 페미니즘적 맥락에서 이해할 수 있다.

현재 사회 속에서 나타나는 가정의 해체현상을 위기, 혹은 '문제'로 여기지 않는 페미니즘적 관점은 2020년 9월 1일 더불어민주당 남인순 의원이 대표 발의한 개정안의 제1조(목적)에 명확히 드러난다.

표 1

현 행	개 정 안
건강가정기본법 **제1조(목적)** 이 법은 건강한 가정생활의 영위와 가족의 유지 및 발전을 위한 국민의 권리, 의무와 국가 및 지방자치단체 등의 책임을 명백히 하고, 가정문제의 적절한 해결방안을 강구하며 가족구성원의 복지증진에 이바지할 수 있는 지원정책을 강화함으로써 건강가정 구현에 기여하는 것을 목적으로 한다.	**가족정책기본법** **제1조(목적)** …가족에 대한 국민의 권리, 의무 및 국가와 지방자치단체의 책무를 정하고 가족정책에 관한 기본사항을 정함으로써 가족구성원의 복지증진에 이바지하는 것….

현행법은 이혼과 가정해체와 같은 '가정문제의 적절한 해결 방안을 강구'함으로써 '가족의 유지 및 발전'을 목적으로 한다고 명시하고 있는 반면에 개정안에서는 현행법의 가정문제 및 해결방안 모색과 관련된 내용을 전면 삭제하고 단순히 '가족구성원의 복지증진'을 위한다고 명시하고 있다. 이는 분명 가정의 와해 현상을 '해체' 혹은 '위기'로 간주하고 있지 않음을 의미하며 그렇기에 이를 위한 해결책 모색의 필요성을 인식하지 못하고 있음을 알 수 있다. 결국 개정안의 제1조(목적)의 전면 개정은 페미니즘적 관점을 기반으로 하는 「건강가정기본법」의 목적과 방향성의 근본적인 재설정을 의미한다. 그렇기에 이를 기반으로 한 세부 조항들 역시 가정의 와해현상과 전혀 무관한 방향으로 개정 및 삭제되었음을 충분히 짐작할 수 있다.

[표 2]에서 확인할 수 있듯이 개정안에서는 혼인과 출산에 대한 사회적 중요성을 명시하는 조항(제8조 1항)과 "태아의 건강보장"(제8조 2항)이 완전 삭제되었는데 저출산 및 이혼으로 인한 가족의 해체 현상을 위기로 여기지 않는 페미니즘적인 발상에 근거한다고 볼 수 있다. 현행법 제8조에서는 '혼인과 출산에 대한 사회적 중요성' 및 '책임'을 국민, 국가 및 지방자체단체가 함께 인식해야 한다고 명시하고 있는 반면에 개정안에서는 이 조항을 전면 삭제하였다. 페미니스트들에게 있어서 혼인과 출산은 가부장제를 견고히 하는 제도이기 때문에 국가가 국민에게 "혼인과 출산의 사회적 중요성을 인

식하여야 한다"는 표현은 국가가 가부장제를 이용하여 여성을 관리 및 억압하려는 의도로 비치기 때문에 삭제됐다고 볼 수 있다. 혼인과 출산의 중요성에 대한 인식은 한 국민의 일원으로서 필수적으로 가져야 할 책임의식인 것인데 이를 국가에 의해 부당하게 지워진 의무라고 여기는 태도 자체가 매우 이기적이며 국민의 한 사람으로서 무책임한 모습이라고 할 수 있다. 책임과 의무는 간과하며 권리만 주장하는 이기주의적 사고는 제5조 3항에 명확히 드러나는데 국가에 대한 개인의 책임은 외면한 채 '출산과 육아'를 '사회적 책임'으로만 돌리며 이에 대해 "국가 및 지방자치단체는", "적극적으로 지원하여야 한다"는 요구사항만 포함시켰다. 국가가 건강하고 안정적으로 유지되기 위해서는 국가가 개인의 자유와 권리를 보장해 줌과 동시에 개인이 국가에 대한 책임과 의무를 다하고자 노력할 때 가능한 것이다.

표 2

현 행	개 정 안
건강가정기본법 **제8조(혼인과 출산)** ① 모든 국민은 혼인과 출산의 사회적 중요성을 인식하여야 한다. ② 국가 및 지방자치단체는 출산과 육아에 대한 사회적 책임을 인식하고 모·부성권 보호 및 태아의 건강보장 등 적절한 출산·육아환경을 조성하기 위하여 적극적으로 지원하여야 한다.	**가족정책기본법** 〈삭 제〉

현 행	개 정 안
제9조(가족해체 예방) ① 가족구성원 모두는 가족해체를 예방하기 위하여 노력하여야 한다. ② 국가 및 지방자치단체는 가족해체를 예방하기 위하여 필요한 제도와 시책을 강구하여야 한다.	˙ 〈삭 제〉

그리고 제9조 1항([표 2])의 '가족해체 예방' 조항이 전면 삭제되었는데 앞에서 언급했듯이 가족해체를 전혀 사회적 문제로 인지하고 있지 않는 페미니즘적 사고가 녹아들어 있음을 짐작할 수 있다. 페미니스트들에게 있어서 가족의 해체란 가부장적 가족제도의 해체를 의미하기 때문에 오히려 필요한 변화인 것인데 가부장제를 실현하는 국가가 개인에게 "가족구성원 모두는 가족해체를 예방하기 위하여 노력하여야 한다"고 강제적으로 공권력을 행세하여 강요할 수 없다고 여기기에 삭제했다고 볼 수 있다.[86] 같은 맥락에서 현행법 제31조의 "이혼예방 및 이혼가정지원" 표현이 개정안에서는 "이혼 전·후 가족 지원"으로 개정됐는데 이 부분 역시 가정문제의 큰 요소인 이혼에 대한 예방으로 인한 가정 회복의 필요성을 전혀 인지하지 못하는 페미니즘적 관점에 근거한다고 짐작해볼 수 있다.

2) 건강가정기본법 개정을 통한 가부장제 해체 시도

남인순 의원과 정춘숙 의원이 각각 대표발의한 건강가정기본법 개정안은 가부장제 해체를 위한 전략적 시도라고 볼 수 있다. 남인순 의원의 건강가정기본법 개정안의 목적을 살펴보면 첫 번째, 다양한 가족에 대한 차별과 편견을 예방하고, 두 번째, 민주적이고 평등한 가족관계를 만들기 위함이라고 명시하고 있는데 이 두 가지 목적은 가부장제를 타파하고자 하는 페미니즘 이념에 근거하고 있다. 위 목적을 바탕으로 개정안에 드러난 가부장제 타파 전략을 크게 두 가지로 정리해볼 수 있다.

(1) 가정 내의 성별 불평등 요소 제거

페미니스트들에게 있어서 가족은 성별 분리를 고착화하는 제도이기 때문에 가부장제 타파의 일차적인 목표는 가정 내의 성차에 근거한 업무의 분담을 재구조화하는 것이다. 그래서 개정안은 가정 내의 문제를 여성의 시각으로만 접근하여 여성중심적인 해결책을 제시하고 있는데 여기에서 말하는 가정의 문제란 가정 내 역할분담에서의 불평등 문제, 여성의 양육 부담 과중, 여성의 일과 가정의 양립의 문제 등 여성들이 느끼는 문제들로서 이에 대한 해결방안으로 발의된 개정안은 가족구성원 전체를 고려한 것이 아닌 매우 여성편향적인 시각만을 고려했음을 알 수 있다. 이러한 여성이기주의적 접근은 남인순 의원과 정춘숙 의원의 개정안 제2조(기본이념)([표 3])에 잘 나타나 있다.

표 3

현 행	개 정 안
제2조(기본이념) 가정은 개인의 기본적인 욕구를 충족시키고 사회통합을 위하여 기능할 수 있도록 유지·발전되어야 한다.	**제2조(기본이념)** 누구든지 가족의 형태를 이유로 차별받지 아니하며, 가족 구성원이 서로 존중하고 부양·양육·가사노동 등에 함께 참여함으로써 민주적이고 평등한 가족관계를 이루는 것을 기본이념으로 한다.

현행법에서는 가정을 '개인의 기본적인 욕구 충족' 및 '사회통합'을 위해 존재하는 생활공동체 기능에 초점을 맞춘 반면 개정안에서는 '차별받지 말아야 할' 공동체의 형태로서 접근하고 있으며 가족구성원 모두를 고려한 것이 아닌 여성 입장에서 '부양·양육·가사노동 등'에 남성의 참여를 요구함으로써 '민주적이고 평등한' 형태의 공동체로서 그 존재의 의미를 두고 있다. 그리고 제4조 2항의 "모든 국민은 가정의 중요성을 인식하고"를 "모든 국민은 민주적이고 평등한 가족의 중요성을 인식하고"로 개정하려는 시도 이면에 역시 가정을 국가의 안정에 필수적인 조화를 추구하는 공동체가 아닌 성별 불평등을 유발할 수 있는 근원지로서 접근하고 있음을 알 수 있다. 결국 이 개정안은 가정의 건강성 혹은 복지증진이 목표가 아닌 성별 불평등 해소가 주된 목적임을 알 수 있다. 또한, 제29조의 "건전한 가정의례" 표현을 "양성평등한 가족의례"로 개정하고자 하는 시도 자체가 가족구성원 전체를 고려한 것이 아닌 여성의 입장에서 완전한 양

성평등에 초점을 맞췄다고 볼 수 있다. 결국 여성계는 건강가정기본법 개정을 가족구성원 전원을 고려한 가정의 회복이 아닌 양성평등 실현의 수단으로 사용하려는 것이다.

또한, 성별 불평등 문제와 관련하여 개정안에 '민주적이고 평등한 관계'라는 표현의 반복적 등장을 눈여겨볼 필요가 있다. 여기에서 그들이 말하는 평등이란 남녀의 생물학적인 차이 및 질서를 고려하지 않은 결과적인 평등이며 여성의 모성을 무시한 양육과 집안 업무의 평등한 분업이다. "성별 분업이 구조화된 '가부장적 결혼'을 포기할 때"평등이 실현 가능하다는 이재경의 주장이 내포하듯이 결국 페미니스트들이 추구하는 평등은 성별 차이를 무시한 절대적이고 결과적인 평등이며 이는 결국 성별에 의한 집안 업무의 분업이 완전히 해체될 때 가능한 것이다.[87] 물론 어느 정도 가정일을 분담하는 것은 필요하지만 생물학적이고 자연적인 성별 차이와 이로 인한 성별 역할의 차이를 무시한 절대적인 분업은 타고난 성별의 거부이며 여성의 모성애 거부이며, 여성성의 거부이며, 궁극적으로 가정의 거부인 것이다.

(2) 다양한 형태의 가족 적극 포용

여성계는 또한 가부장제에 기초하지 않은 생활[88]공동체를 '다양성'이라는 명목으로 적극 포용함으로써 가부장제를 타파하고자 한다.[89) 가부장제에 기초하지 않는 공동체란 혼인+출산+양육의 조합 중 1개 이상이 깨진 형태의 공동체라고도 볼 수 있다. 동거 커플, 재혼 커플, 한부모 가족, 이미 자식이 있는 남녀의 재혼으로 이루어진 가족, 출산하지 않는 부부, 동성 커플, 비혼 가구, 비혼 출산 가구 등 혼인, 출산, 그리고 양육의 세 가지 조합 중 한 개 이상이 깨진 공동체 형태가 이에 해당한다. 여기서 짚고 넘어가야 할 부분은 제21조 제9항 4호에 "국가 및 지방자치단체는 한부모가족, 노인단독가정, 장애인가정, 미혼모가정, 공동생활가정, 자활공동체 등 사회적 보호를 필요로 하는 가정에 대하여 적극적으로 지원하여야 한다"고 명시되어 있으며 이러한 가정을 위한 다양한 제도가 이미 마련이 되어 있다. 즉, 현행법은 다양한 형태의 가정에 대한 지원과 제도를 마련할 수 있도록 하고 있다는 것이다.

그러나 여기에서 중요한 문제는 '다양성'이라는 이름으로 어느 형태의 가족까지를 포용할 것인가 하는 것이다. 다양성의 인정 및 존중은 인류가 보편적으로 인정하는 도덕적 가치를 침해하지 않는 범위 내에서만 가능해야 할 것이다. 도덕적 가치의 테두리를 벗어나는 가정은 결국 사회에 무질서와 혼란을 초래할 수 있기 때문이다. 가정은 사회의 기본 질서, 도덕과 윤리를 유지하고 전승함으로써 사회의 안전망을 구축해주고 사회를 건강하게 지탱해주는 가장 기본 단위이다. 또한, 가정은 사회의 유지를 위한 기본 요소를 넘어 인간이 궁극적으로 이 세상에서 안정감과 소속감, 삶의 존재감, 자아 정체성을 심어주는 필수불가결한 공동체이다. 사회의 가장 기본 단위인 가정이라는 테두리를 형성함에 있어서 도덕적 규범을 간과한다는 것은 사회적 안전망으로서의 가정이 와해된다는 것을 의미한다.

그러나 페미니즘적 관점에서 도덕적 규범은 가부장제를 유지 및 강화시키는 요소일 뿐이다. 그렇기에 가부장제 타파의 과정에서 도덕의 와해는 필연적으로 수반된다. 그런 맥락 속에서 도덕성의 상실은 다양한 형태의 가족을 포용하는 과정에서 명확히 나타나는데, 동거 커플, 동성 커플, 비혼 출산 가구 등 보편적 도덕 규범에 어긋나는 공동체까지를 '다양성'이라는 이름으로 포용하려고 한다. 이런 페미니즘적 발상은 이번 개정안의 '가족' 개념규정 전면 삭제를 통해서도 여실히 드러난다. 가정에 대한 사회의 보호를 위해 제정된 기본법에서의 '가족'의 개념규정 삭제는 단순한 삭제 이상의 의미를 갖는다. 그들은 급변하는 시대에 대한 사회적 인식의 변화를 수용한다는 명목으로 기본 질서와 도덕 규범을 와해시키는 극단적인 변화 의지의 표명이며 전통적 가정의 테두리를 와해시키고자 하는 급진 페미니즘 이념 실현의 표현인 것이다.

페미니스트들은 건강가정기본법이 변화하는 시대의 흐름을 전혀 반영하지 못한다고 비판하며 가정의 근본을 뿌리째 뒤흔드는 시도를 하고 있다. 그들은 여성의 자유와 권리, 평등을 내세우며 사회의 안정과 질서의 근간인 가정을 변질시키고 가정의 보호와 유지를 가능케 하는 도덕과 윤리적 규범을 와해시키고자 한다. 물론 사회가 급변하고 있으며, 이에 따라 다양한 형태의 공동체가 형성되고 있는 것은 사실이다. 그러나 시대의 흐름에 맞춰 필요한 부분은 조정해 나가되 시대를 초월하는 인간사회의 보편 질서와 규범은 지켜져야 할 것이다.

전통은 한순간에 만들어지는 것이 아니라 오랜 기간 수정 및 보완되어 온 시대의 흐름을 초월하는 가치이며 지속적으로 전수되어야 할 지혜의 산물인 것이다. 우리는 전통을 기본적으로 유지함과 함께 시대의 흐름에 맞게 점진적인 변화를 추구하는 것이 바람직할 것이다. 가정이라는 개념도 마찬가지이다. 혼인과 혈연으로 이루어진 가정이라는 공동체는 수천 년간 우리 사회의 근간을 유지시켜 주는 중요한 사회 안정의 기본 단위로서 다음 세대에 전통적 가치와 이념을 전승하는 기능을 가지고 있다. 그렇기 때문에 이러한 가정을 유지시켜 다음 세대에 전승시키는 것이 우리의 임무일 것이다.

서로 부족한 개인들이 혼인과 혈연으로 엮여 만들어진 가정은 불완전할 수밖에 없다. 그렇기에 그 질서 안에서 우리는 사랑과 책임감으로 서로를 배려하고 부족한 부분을 보완하고 서로의 합의점을 찾으며 유지해 나가고자 노력하는 것이다. 그러나 불완전한 공동체 내에서의 문제점을 무조건 계급적인 문제로, 혹은 성차별적인 문제로 접근해서 그 문제점을 해결한다는 미명하에 기본 질서의 근원을 파괴하는 것은 매우 위험한 발상이며 기존 가족의 틀까지 와해시키면서 만들고자 하는 '새로운'형태의 가족에 대한 법적 보호와 지원이 가져올 사회적 파장을 반드시 염두에 두어야 한다.

「건강가정기본법」은 법명에도 나타나듯이 '가정'이라는 공동체를 보호하고 유지하기 위한 법이지 여성의 권익 신장을 위한 법이 아니다. 페미니스트들은 '가족정책기본법'이라는 명칭으로 법안 개정을 시도하고 있지만 실제 그들의 페미니즘 사상을 기반으로 한 개정 시도를 보면 결코 가정을 보호하기 위한 개정안이라고 볼 수 없다. 사회가 무질서와 혼돈으로 치닫고 있는 이때에 가정의 건강성과 중요성은 더욱더 강조되어야 한다. 배려와 사랑, 헌신과 책임으로 안정감을 제공하고 보호의 든든한 울타리가 되어주는 가정이 어느 때보다 더 절실히 요구되는 상황이며 이러한 사회적 요구에 대한 방안으로 제정된 건강가정기본법은 결코 편향적인 이념실현의 장으로 전락되어서는 안 된다.

4

페미니즘의 허구성:
핵심 키워드 및 통계의 오류 분석

서구와 우리나라 여성운동의 흐름 요약

여성차별이 정말 심했던 시절에는 여성에게 인권이란 존재하지 않았다. 서구, 특히 미국의 여성들이 흑인들과 동급으로 취급을 받으며 차별을 당했던 시절이 있었으며 그런 차별에 대항하던 서구의 초기(19세기) 여성운동가들의 피나는 노력의 결과 남성과 법적 동등권을 얻게 되었고 궁극적으로 참정권까지 획득하면서 여성이 남성과 동등한 한 국민으로서 목소리를 낼 수 있는 위치까지 도달했다.

그러나 1960년대 새로 등장한 여성운동은 초기 여성운동과는 달리 상당히 왜곡된 형태로 발전되었다. 이 시기의 여성운동가들은 여성의 동등한 사회적 권리획득만으로는 성차별적인 사회구조가 존재한다고 비판하며 이를 타파하기 위한 노력을 시작했다. 여성차별에 대한 분노는 낙태, 이혼, 성적 문란함 등의 극단적인 형태로 표출되면서 지나친 여성 이기주의로 흘러갔다. 그리고 그 페미니즘이 21세기를 살고 있는 우리의 사고와 제도 속에 깊숙이 파고들어 있다.

여성이라는 이유로 법적, 혹은 사회적으로 불이익을 받거나 기회의 평등을 보장받지 못한다면 마땅히 수정 및 보완해 나가야 할 것이다. 우리나라는 조선시대에 뿌리내린 유교문화의 영향으로 남아선호, 남존여비 남성 중심의 가족관이 고착화되었다. 그러다가 20세기 초반부터 등장한 다양한 형태의 여성운동은 여성을 무지에서 해방시켜 주었으며 소외된 요보호 여성들을 위한 부녀복지정책을 통해 여성이 사회적으로 불이익을 받지 않도록 하였다. 그리고 1980년 대부터 본격적으로 여성의 사회적 불평등이나 불이익을 해결하기 위한 제도나 법들이 제정되기 시작했다. 1985년에 「여성정책기본계획」이 발표되었고 1995년 「여성발전기본법」이 제정되면서 여성을 보호하고 여성의 권익을 증진시킴으로써 남녀가 서로 조화롭게 살 수 있도록 하는 노력이 본격화되었으며, 그 결과 여성의 사회적 지위가 상당 수준 개선되었다.

그러나 1995년 북경 행동강령 선포 이후 실질적인 양성평등을 달성하기 위해 채택된 성 주류화 전략은 여성정책의 흐름을 급진적이고 이념적으로 뒤바꿔놓았다. 1960년대 시작된 급진 페미니즘 사상이 이 대회를 통해서 전 지구적으로 확산되었다고 봐도 과언이 아니다. 우리나라는 2000년대 들어서 성 주류화 전략을 본격적으로 제도화하고 시행함으로써 편향적 페미니즘 이념을 실행에 옮기기 시작했다. 실질적인 양성평등을 이루기 위한 방편으로 국제사회는 성평등 여부를 가늠할 수 있는 지표와 지수를 개발하여 성별 불평등 정도를 수치화해서 서열을 매기기 시작했다.

페미니즘 통계의 문제점
그러나 이러한 국가 성평등 지수와 지표는 도출 방법이나 항목 선정에 상당한 문제점이 있다. 단순히 몇 가지 영역만을 기준으로 성별 불평등 정도를 알 수 없으며 그 지수가 실제 존재하는 성불평등 여부를 반영하지 못한다. 또한, 도출 방법이 왜곡된 경우가 많고 지표 역시 왜곡 해석되는 경우도 상당히 많다. 예를 들어, 남녀의 타고난 성별 성향과 특징으로 인해 나타나는 격차가 수치화되면서 격차가 차별, 혹은 불평등으로 왜곡 해석되는 경우가 있다. 단순 수치화하는 과정 속에서 존재하지 않는 차별이 마치 존재하는 것처럼 잘못 포장되는 것이다.

그래서 이 장에서는 페미니즘의 핵심 키워드를 비판적으로 분석하고 성별 불평등 관련 통계의 모순과 오류들을 짚어봄으로써 페미니즘의 허구를 파헤쳐 보고자 한다.

❶ 페미니즘 키워드

키워드 1: 가부장제

페미니즘의 근간이 되는 개념이 바로 가부장제이다. 가부장제는 페미니스트들에게 여성 불평등의 원인을 설명할 수 있는 매우 효과적인 도구이다. "가부장제의 개념과 이론은 다양한 형태의 여성 종속이 얼마나 깊이, 넓게, 그리고 상호 연관되어 퍼져 있는지를 이해하기 위해 필수적이다"라는 실비아 월비(Sylvia Walby)의 설명에 내포되어 있듯이 가부장제를 거론하지 않고는 결코 페미니즘을 이해할 수 없다.[90] 페미니즘의 핵심 논지는 여성들이 사회에서 끊임없는 불평등을 경험하고 있는데, 그 이유는 다름 아닌 가부장제 때문이라는 것이다.

그럼 가부장제란 무엇인가? 원래 가부장제란 좁은 의미에서는 남성이 가장으로서 가족구성원을 이끌어가는 가족 형태를 의미하며, 넓은 의미로는 남성 중심의 지배구조라고 할 수 있다. 오래전부터 가정에서 남성이 주도적으로 생계를 책임지고 여성은 집안일과 육아에 전념하였다. 이는 신체구조상 남성이 사냥 등 바깥일을 하는 데 적합하고 여성은 출산, 육아 및 집안일에 적합하기 때문에 자연스럽게 역할분담이 이루어지면서 남성이 가정을 책임지고 이끌어가게 되었다. 그러나 페미니즘은 가부장제의 개념 중 '남성의 지배'라는 측면을 부각시키면서 이를 여성중심적 시각으로 재해석했다. 페미니즘이 의미하는 가부장제란 "남성이 권력을 가지고 여성을 억압하고 착취하는 사회구조와 관습 체계이다."[91] 남성들이 사회를 부당하게 지배한다는 개념을 넘어서 남성 중심적인 가치관이 우리의 사상, 생활양식, 지식, 감정, 과학, 문화, 기술 등 모든 형태의 지식과 사회 전반뿐 아니라 우리의 의식과 정신까지 장악하고 있다는 것을 의미한다. 메리 댈리(Mary Daly)의 "가부장제는 그 자체가 지구 전체의 지배적인 종교이다"[92]라는 주장에서 드러나듯이 페미니스트들에게 있어서 가부장제는 사회의 근본 틀을 지칭하는 개념이며, 사회 전반뿐 아니라 우리의 의식과 정신까지 깊숙이 파고들어 있는 악의 뿌리이다.

프랑스 실존주의 철학자 및 사회주의자였던 시몬 드 보부아르(Simone de Beavoire, 1908~1986)[93]에 의하면 여성은 가부장제 속에서 타고난 정체성이 없으며 남성 중심적인 사회가 요구하는 바에 의해서 만들어지는 존재이다. 이 사회에 성은 오로지 하나, 남성밖에 없으며 여성은 부수적인 존재, '타자' 혹은 '제2의 성'일뿐이다.[94] 그래서 그녀는 가부장적 사회에서 요구하는 여성의 모습은 진정 여성 자신이 원하는 모습이 아니며 그런 자신의 정체성을 찾기 위해서는 가부장제에서 벗어나는 것이 유일한 길이다. 그런데 여기서 그녀가 말하는 해방과 자유는 가부장제의 근원인 결혼의 굴레에서의 해방이며 임신과 출산, 그리고 양육에서의 해방이며, 직장으로의 탈출이며 궁극적으로 성의 해방이다.[95] 이러한 그녀의 주장은 1960년대 미국에서 시작된 급진 페미니즘의 초석이 되었다.

가부장제의 문제점

물론 역사적으로 여성이 부당한 대우를 받았었고, 남성은 힘과 권력으로 여성을 억압했던 부분이 존재했었다는 점은 사실이다. 그러나 문제는 페미니즘이 가부장제를 다루고 그것에 대한 해결책을 제시하는 데 있어서 보이는 극단적인 태도이다. 페미니즘은 모든 여성이 가부장제 속에서 항상 억압받는 불평등한 존재라는 세계관에 기초한다. 이러한 세계관에 근거한 페미니즘은 여성의 보편적, 혹은 타고난 성별 특유의 사고, 행동, 및 성향마저도 모두 가부장제의 산물이라고 치부해버린다. 우리에게 익숙했던 남녀 간의 차이와 특징들이 언제부터인지 오로지 가부장제로 인한 고정관념과 차별로 전락해버렸다. 그런 흐름 속에서 심지어는 모든 남성이 '잠재적 가해자' 취급을 받는 어처구니없는 지경까지 이르렀다.

또한, 가부장제가 모든 불평등의 뿌리라고 주장하는 페미니스트들은 남성에 대한 분노와 적개심 가지고 가부장제 타파를 위한 투쟁 운동을 시작했으며, 이런 부정적인 감정은 타파 운동의 동력이 되었다. 이는 레드스타킹 여성단체의 선언문(1969)의 마지막 문구에 명확히 드러나 있다. "이제 우리는 전면전을 선포한다"[96] 이러한 전면전은 성별 갈등을 해결할 수 없으며 결국 또 다른 갈등과 대립을 초래할 수밖에 없다. 최근 우리나라 메갈리아와 워마드의 극단적인 남성 혐오적인 행태는 초기 급진 페미니스트들이 보여줬던 분노에 찬 모습을 연상시킨다. 당시 여성들은 실제 불평등을 겪었기에 그에 대한 반작용으로 그런 행동이 나왔을 수 있다고 십분 양보한다고 하더라도 50여 년이 지난 현재 상당한 수준의 양성평등을 이뤄낸 우리나라에서 일부 여성단체들이 보이는 극단적인 행태는 시대착오적이라고밖에 할 수 없다.

페미니즘의 가부장제 타파 방법

1) 타고난 생물학적 특성의 거부

가부장제, 즉 구조적 성별 불평등에 대한 페미니즘적 해결 방법은 바로 타고난 생물학적 특성과 성향을 거부하는 것이다. 페미니스트들은 남성과는 다른 여성의 생물학적 특징인 임신과 출산이 결국 여성을 불평등과 억압의 고통 속으로 몰아갔다고 믿기 때문에, 이런 제약에서 자유로울 때 비로소 여성과 남성이 평등해진다고 주장한다. 임신과 출산에서 자유로워진다는 의미는 임신과 출산을 자유롭게 선택한다는 의미이며, 이는 결국 낙태와 피임으로 귀결된다.

결국 페미니스트들은 자신들의 권리와 자유를 실현한다는 명목으로 태아의 생명권을 침해하는 결과를 초래하게 됐다. 남성의 권력으로부터 자유로울 권리를 외치며 여성은 결국 어떠한 저항도 할 수 없는 가장 연약한 생명을 상대로 권력을 무참히 휘두르는 모순을 보이고 있는 것이다. 그들이 그토록 타파하고자 하는 권력을 이제는 가장 연약하고 무방비 상태에 놓인 태아를 상대로 휘두르고 있는 꼴이다.

2) 타고난 성별 차이의 거부

페미니스트들의 가부장제 타파의 두 번째 방법은 타고난 성별 차이의 거부이다. 페미니즘의 세계관 속에는 타고난 성별의 자연스러움이란 존재하지 않는다. 페미니즘적 시각에 의하면 남성과는 다른 여성의 모든 행동과 성향들은 타고난 '차이'가 아닌 불평등의 결과물이며 가부장제가 심어놓은 성별 고정관념이다. 본인 스스로가 자연스럽다고 여기거나 타고난 성향이라고 여기는 그 인식 자체도 뿌리 깊게 박힌 고정관념인 것이다.

예를 들어, 여자아이들의 소꿉놀이나 남자아이들의 로봇과 총놀이 모습들은 결코 자연스러운 현상이 아니며 뿌리 깊이 박힌 성별 고정관념의 결과로서 드러나는 현상이라는 것이다. 심지어는 이러한 성별 놀이가 아이들에게 성역할 고정관념을 심어주기 때문에 '명백한 인권침해'라고 주장하기까지 이르렀다.[97] 그러나 실제 수많은 심리학자과 뇌과학자들의 연구결과에 의하면 여아와 남아들이 보이는 성별 특성들은 후천적으로 세뇌된 성별 고정관념의 결과가 아니라 본능적으로, 자연스럽게 나타나는 현상이다. 즉, 여성적인 행동과 남성적인 행동은 후천적으로 배워서 드러나는 결과라기보다는 그들의 염색체와 DNA, 그리고 뇌에 이미 장착되어 있다는 것이다.[98] 타고나는 특징과 성향들은 억지로 바뀌지 않으며 이러한 현상을 거부하는 것은 곧 자연을 거스르는 것이다. 남성스러움 혹은 여성스러움을 무조건 고정관념 혹은 성차별이라고 치부하는 행위는 또 다른 차별을 만들어내는 결과를 가져올 뿐이다.

3) 여성중심주의

가부장제 타파의 세 번째 방법은 여성을 무조건 중심에 두는 것이다. 여성들은 그동안 무조건 피해자로서 삶을 살았기에 여성의 모든 행동은 용납되어야 하며 여성은 무조건적인 배려의 대상이 되어야 한다. 그래서 등장한 개념 중 하나가 바로 여성할당제이다.

또한, 여성을 특별히 배려한다는 명목으로 만들어진 여성전용 시설들은 또 어떠한가. 여성전용 주차장, 여성전용 아파트, 여성전용 휴게실, 여성전용 임대주택, 여성전용 도서관 등 수도 없이 많다. 그러나 이러한 지나친 여성에 대한 배려와 특혜는 페미니즘 실현도 아니고 양성평등 실현도 아닌 여성을 나약하고 무능한 존재로 전락시켜 버리는 결과만 나을 뿐이다.

키워드 2: 경력단절

뿌리 깊은 성차별이라는 페미니스트들의 주장 근거로 빠지지 않는 또 다른 단골 키워드가 바로 경력단절이다. 2020년 통계청에서 발표한 '지역별 고용조사'에 따르면 여성 경력단절의 원인으로 육아(42.5%), 결혼(27.5%), 임신과 출산(21.3%), 가족 돌봄(4.6%)을 꼽았는데 페미니스트들은 이 원인을 여성의 경력을 '단절'시키는 방해요소로 여긴다.

여기서 '경력단절' 용어에 내포된 의미를 한번 살펴보자. '경력단절'은 가정보다 직장과 일을 통해 독립된 자아 정체성을 찾아야 한다는 페미니즘적인 사고에 기반한다. 보부아르는 『제2의 성』에서 여성들에게 직장을 통해 경제적 독립을 이룰 때 비로소 삶의 의미를 찾을 수 있고 한 개인으로서의 정체성을 실현할 수 있다고 주장하며 임신과 출산의 압제에서 벗어나 직장으로 탈출하라고 촉구했다. 미국의 여성운동을 촉발시킨 프리단도 가정을 "안락한 포로수용소"로 전락시켜 버림으로써 주부로서의 숭고한 가치를 평가 절하시켜버렸다.

'경력단절'이라는 용어에는 여성의 경력이 단절되는 데 있어서 결혼, 그리고 임신과 출산은 방해요소라는 의미가 내포되어 있다. '경력'이라는 개념에는 가정보다 일을 우선순위로 두는 페미니즘적 사고가 저변에 깔려 있다. 경제활동을 더 가치 있는 것으로 포장함으로써 전업주부로서 가족구성원의 행복과 자녀들을 위해 투자하는 의미 있는 시간과 노력을 무가치한 것으로 치부해버린다. 페미니스트들에게 있어서 가정과 집안일은 경제적인 바깥일을 '단절'시키는 방해요소이며 직장 경력이야말로 가정에서 해방해서 여성들의 자아 정체성을 세우는 데 있어서 꼭 필요한 요소인 것이다.

그럼 실제 우리나라 여성들은 소위 '경력단절'에 대해 어떠한 견해를 갖고 있는가? 실제로 여성들이 결혼과 가정 때문에 직장생활을 유지함에 있어서 차별을 경험하고 있는가? 그리고 결혼과 가정을 경력단절의 방해요소로 생각하고 있는가? 통계청의 2019년도 "경력단절 당시의 일자리를 그만둘 당시 일을 계속할 수 있었는데 그만둔 것인지 여부"에 대한 조사에서 73.8%나 되는 여성들이 '그렇다'고 대답했으며 24.1%만 '아니오'라고 대답했다. 20대는 '예'라고 대답한 여성이 88.1%로서 압도적으로 높았다.

경력단절 당시의 일자리를 그만둘 당시
일을 계속할 수 있었는데 그만둔 것인지 여부[99]

응답자 특성별(1)	응답자 특성별(2)	2019			
		사례 수 (명)	예 (%)	아니오 (%)	계약기간 종료 (%)
전체	소계	3,989,577	73.8	24.1	2.1
연령별	만25~29세	210,477	88.1	9.9	2.0
	만30~39세	1,220,696	77.5	18.8	3.7
	만40~49세	1,696,895	74.1	24.5	1.4
	만50~54세	861,510	64.3	34.4	1.2

위 수치의 의미를 살펴보면, 여성들이 결혼, 출산 및 양육 때문에 어쩔 수 없이 직장을 그만둔 것이 아니라, 본인이 원하면 직장을 유지할 수 있는 상황에서 자발적으로 직장을 그만두기로 선택한 것이다. 대부분 여성은 본인의 경력도 중요하지만 그 못지않게 결혼과 가정도 본인의 삶에 중요한 요소로 여기고 있음을 짐작할 수 있다.

출산과 경력단절의 상관관계를 보여주는 또 다른 통계를 보자. '출산 의향이 없는 이유'에 대한 질문 중 '경력단절의 두려움 때문'이라는 응답자는 총 1.2%에 지나지 않았다. 참고로 '육아의 책임감 때문'이라는 응답자는 9%, '가사노동의 부담 때문'은 2.2%에 불과하다.[100] 다시 말해서, 출산으로 인해 경력단절이 발생할 수는 있을

지 모르지만 경력단절이 두려워서 출산을 꺼리지는 않는다는 것이다. 즉, 많은 여성은 결혼과 출산으로 인해 발생하는 경력단절이 크게 문제되지 않으며 대부분 경우 결혼, 출산, 자녀 양육을 위해 기꺼이 직장을 그만둔다는 것을 알 수 있다.

경력보다 결혼과 가정에 더 가치를 두는 현상은 우리나라뿐 아니라 서구 유럽의 여러 나라에서도 공통적으로 나타난다. 영국의 대형 보험사인 리버풀 빅토리아(Riverpool Victoria)가 남녀 3,000명을 대상으로 실시한 직업의 만족도에 대한 설문조사 결과 '전업주부'가 1위를 차지했다. 또한, 영국통계청(ONS) 조사에 따르면 전업주부로서의 삶을 일하는 여성으로서의 삶보다 더 가치 있는 삶으로 평가한다는 것으로 나타났다.[101]

이러한 통계 결과를 보더라도 많은 여성은 페미니스트들의 주장과는 달리 전업주부로서의 여성의 삶이 가치 있으며 가정에서의 자녀 양육을 매우 행복한 일로 여긴다는 것이다. 여성을 인적 자원으로만 보거나, 여성의 경력단절이 사회에 만연한 성차별의 결과라는 식의 섣부른 주장은 이제 지양해야 한다. 선택적으로 직장을 그만둔 여성들을 경력단절의 피해자로 억지로 분류하는 것은 자발적인 주부로서의 삶에 가치를 두는 수많은 여성의 선택을 무가치한 것으로 평가절하해 버리는 것이다.

키워드 3: 유리천장

페미니스트들의 또 다른 단골 키워드가 바로 유리천장이다. 여성이 직장에서 아무리 열심히 노력해도 보이지 않는 유리천장으로 인해 승진이 막히고, 고위직일수록 승진에서 불이익을 당한다는 것이다. 이러한 주장의 근거로 페미니스트들은 고학력 집단의 중상위 성별 임금격차와 고위직의 낮은 여성 비율을 들고 있다.

우선적으로, 임금격차는 뒤에서 다루는 '성별 임금격차'부분에서도 언급하겠지만 성별 이외에도 임금에 영향을 주는 수많은 다른 요소들이 통제되어야 한다. 능력, 업무 강도, 직종, 연령 등의 요소를 고려하지 않은 채 여성의 총임금을 단순 평균 낸 수치는 결코 성차별 주장의 근거로 적합하지 않다.

그리고 고위직으로 갈수록 전반적으로 여성의 비율이 낮은 것은 사실이다.[102] 그러나 이 결과적인 수치는 남성이 근속연수나 근무시간이 더 길고 일의 강도도 더 높다는 사실을 반영하고 있지 않다. 남녀의 역할분담이 더욱 명확했던 기성세대는 남성이 사회생활을 도맡아 했기 때문에 남성 구직자가 더 많고 자연스럽게 고위직에 남성이 더 많을 수밖에 없다. 그런데 그러한 요소들은 고려하지 않은 채 단순히 고위직에 여성이 적다는 이유로 기계적인 여성할당제를 요구하는 것은 그동안에 열심히 노력해온 남성들에 대해 차별을 가하는 것이다. 단지 성별이 남자란 이유로 능력을 발휘할 기회의 공평함을 박탈당한다면 명백한 성차별이 아니고 무엇인가.

또한, 여성 비율은 업종별로 상이한 결과를 보이고 있는데(사회복지. 교육 분야는 승진자의 과반수가 여성) 이 또한 페미니스트들이 주장하는 '유리천장'의 논리와 충돌된다. 여성이 다수인 분야에서는 남성보다 여성이 실제 더 많은 일을 하고 있기에 결과적으로 장급 지위에 여성이 대거 포진되어 있다. 대다수의 유치원 원장이나 초등학교 교장이 여성인 것만 봐도 쉽게 이해되는 대목이다. 이는 그렇지 않은 분야에서 남성들이 고위직에 많이 포진하고 있는 것과 같은 이치이다. 이 두 케이스의 공통점은 남성이든 여성이든 상관없이 능력별로 일에 적합한 사람이 열심히 노력해서 고위직까지 올라간 것이다.

그럼 실제 승진에 대한 여성들은 어떻게 생각하는지도 살펴보자. 고용청의 2019년 통계에 의하면 '경력과 능력이 비슷해도 여성이 남성에 비해 승진이 느리다'라는 질문에 '아니다'라는 응답자가 55.5%, '전혀 아니다'라고 응답한 여성은 29%로 84.5%에 해당하는 여성들이 승진에 있어서 성차별을 느끼지 못한다고 대답했다. 성차별을 느낀다는 15.5%의 여성 중 '매우 그렇다'의 응답자는 3.4%밖에 되지 않는다. 또한, '주요 업무나 보직에 여성보다 남성을 배치하는 경향이 있다'는 질문에 '아니다'가 50.1%, '전혀 아니다'는 27.6%

라고 응답해서 총 77.7%에 해당하는 여성들은 소위 말하는 유리천장을 느끼고 있지 않다는 것이다. '하위직보다 고위직으로 올라갈수록 여성의 승진이 드물다'의 질문에 '아니다'가 51.9%, '전혀 아니다'는 28.2%로 총 80.1%에 해당하는 여성들이 고위직의 여성 승진에 있어서 성차별이 없다고 대답했다.[103]

이 통계를 통해서 다음과 같은 사항을 알 수 있다. 상당수의 직장 여성들이 실제 승진 부분에 있어서 성차별이 없다는 응답의 의미는 일단 모든 직장 여성들이 반드시 고위직으로의 승진을 반드시 원하는 것은 아니라는 점을 내포하고 있다. 승진은 결국 직장에 대한 더 많은 책임과 희생이 함께 수반되어야 함을 의미하는데, 적지 않은 직장 여성들이 굳이 그러한 것들을 감내해 가면서 승진을 하려고 하지 않는다는 점도 고려해야 한다. 그리고 무엇보다도 실제로 승진을 원하는 여성들은 성별에 상관없이 개인의 능력에 따라 승진 여부가 결정되는 것이지 성차별로 인해 승진이 좌절되는 것은 아니라고 이해한다는 점을 알 수 있다.

실제 몇십 년 전 성차별적 문화 속에서 자란 50, 60대 이상의 여성들은 '유리천장'을 경험했을 수 있다. 그렇다고 여성의 사회적 지위가 상당히 향상된 현재의 상황에 기존 세대의 시각을 그대로 반영하는 것은 시대착오적인 접근이다. 요즘은 젊은 여성의 사회진출이 기존 세대보다 더 활발해졌다. 이제 그들이 고위직에 올라갈 때가 되면 분명히 지금보다 고위직에 여성의 비율이 높아질 것으로 예상된다. 더 이상 기성세대의 시각으로 인위적인 숫자놀음으로 결과적인 평등을 강요하지 말자.

키워드 4: 양성평등/성평등

양성평등(혹은 성평등)은 페미니스트들이 궁극적으로 추구하는 목표이다. 그런데 현재 페미니스트들은 '양성평등'을 '성평등'으로 대체하려고 할 뿐 아니라 이 용어를 정책과 법 속에 반영시키려고 노력하고 있다. 양성평등과 성평등은 엄밀히 다른 개념이다. 양성평등은 생물학적인 성에 기반을 둔 개념으로 남자와 여자 2개의 성만을 의미하는 반면 성평등은 사회적인 성(gender) 개념에 더 강조점을 둔 용어로서 성별을 나누는 생물학적인 요소를 철저히 배제한다. 페미니스트들이 양성평등 용어사용을 기피하는 이유는 '생물학적 성'이야말로 사회구조적 불평등의 뿌리이기 때문이다. 그들에게 있어서 생물학적 성별 차이는 여성을 임신과 출산이라는 제약 속에 묶어두며 이는 구조적 성차별과 불평등을 재생산한다.

'성평등'에 내재되어 있는 젠더, 즉 사회적인 성은 의미가 상당히 모호하다. 1970, 1980년대 페미니즘이 의미하는 젠더는 남성과 여성에만 국한되어 있었으며, 소위 '성차별적'사회구조 내에서의 나타나는 남성성, 혹은 여성성을 가리킨다. 그리고 좀 더 포괄적인 의미의 젠더란 위계화된 성역할, 성별 지위와 규범 등을 포함한 성차별적 구조 전반을 의미한다. 결국, 페미니스트들은 젠더라는 개념을 통해 이 사회가 뿌리 깊은 가부장제에 기반한 불평등한 구조이며 그 안에서의 여성은 불평등한 성역할과 성별 성향을 강요받는다고 주장한다.

　포스트모더니즘을 기반으로 하는 1990년대 젠더의 의미는 기존 페미니즘적 의미의 젠더와 결을 달리한다. 로라 팔라짜니(Laura Palazzani)는 이러한 젠더 개념의 변화를 '패러다임의 전환(paradigm shift)'이라고 표현하였다.[104] 포스트모던적 젠더는 생물학적인 성을 완전히 배제된 개념으로서 젠더의 유연성과 변화 가능성을 강조하는데 이는 주디스 버틀러의 '젠더 수행성'개념에 매우 잘 반영되어 있다. 버틀러에 의하면 젠더는 반복적인 성적 행위를 통해 형성되는데 이 성적 행위는 꼭 이성에 대한 끌림만을 의미하지 않는다. 그렇기에 젠더는 여성과 남성을 넘어 다양한 성을 아우르는 개념으로 확장된다. 반복적인 성적 행위(성적 지향)를 통해 형성되는 젠더는 결국 몸을 통해서 구현되는데 '생물학적인 성'을 의미하는 몸은 젠더를 형성하는 도구일 뿐이며 젠더가 구현되기 전의 몸은 의미가 부여되지 않은 껍질에 불과하다. 반복적인 성적 행위에서 비롯된 젠더는 결국 성별 이분법에서 벗어난 모든 형태의 성별을 아우르는 개념으로 확장된다. 그렇기에 현재 수십 가지의 성이 존재한다는 주장까지 나오게 되는 것이다. (보다 자세한 설명은 1장의 3세대 페미니즘을 참고할 것)

다시 1970, 1980년대의 페미니즘적 개념의 성평등 논의로 돌아가 보자. 페미니스트들이 의미하는 성평등은 "궁극적으로 남성 중심적이고 위계적인 사회운영 논리와 젠더 질서를 바꾸는 것이다. 즉 공·사 영역으로 분리된 성역할과 자원분배의 역할을 꾀하는 것"이다.[105] 또한, 신경아는 성평등을 "여성과 남성 사이의 역사적으로 축적되어온 구조적 불평등을 '차별의 프레임'으로 해석하고 이를 해소해 가려는 정치적 이념"이라고 설명한다.[106]

그렇다면 어떻게 성평등을 이룬다는 의미일까? 페미니스트들이 들고나온 실질적 성평등 실현의 수단으로 동일임금, 동일채용, 여성 할당제 등을 내세운다. 그러나 이러한 절대적인 평등은 실제 남녀의 타고난 성향과 능력, 특징들을 무시한 부자연스러운 결과를 가져올 수 있다. 실제로 파이 자르듯 동등한 분배로 페미니스트들이 바라는 양성평등이 이루어질까? 물론 페미니스트들은 그렇다고 할 것이다. 그것이 그들의 궁극적인 목표이기 때문이다. 그러나 실제 그것은 타고난 능력과 성향, 특징들을 무시함으로써 오히려 또 다른 불평등을 초래할 수 있다는 점을 유의해야 한다.

생물학적인 성에 근거한 역할과 성향, 특징은 태어나면서 상당 부분 결정된다. 다시 말해서 생물학적인 성은 태어난 이후에 나타나는 사회적인 성과 구별될 수 없다는 것이다. 여성의 몸으로 태어나면 당연히 남성보다 근육량, 지방량, 뇌의 구조 등에 영향을 받아 소위 여성적인 행동을 하고 여성적 성향을 보이는 것이다. 그런 생물학적 차이로 인해 자연스럽게 드러나는 성향적, 기능적 차이를 페미니스트들은 성별 고정관념이라고 치부한다. 그러나 이러한 특징들은 고정관념이 아니라 신체의 특성과 기능으로 자연스럽게 나타나는 결과인 것이다. 그것을 거부하고 핑크를 좋아하는 여자아이에게 억지로 파란색을 좋아하라고 강요하는 것이야말로 자연을 거스르는 것이다.

또 다른 예를 보자. 여성은 남성들보다 성향적으로 인문, 사회 계열에 더 많다. 비율적으로 여자고등학교는 문과 반이, 남자 고등학교에는 이과 반이 더 많은 것만 봐도 금방 알 수 있다. 그런 타고난 성별 성향에 맞게 여성은 전공이나 직종을 선택하게 된다. 그런데 굳이 이공계에 여성이 수적으로 부족한 것을 성차별의 결과라고 몰아붙이며 억지로 할당제를 적용시켜 능력이 부족한 여성을 앉히는 것은 바람직하다고 볼 수 없으며 더 나아가서 회사나 기업의 업무 달성의 효율성을 떨어뜨리는 결과를 가져올 수 있다.

노르웨이나 핀란드같이 양성평등 지수가 상당히 높은 나라들에서도 이공계 전공자 중 여성 비율이 낮다는 연구결과가 있는데 이현상을 '성평등의 역설(gender-equality paradox)'이라고 표현했다.[107] 또한, 성별 임금격차가 적고 여성의 경제 및 정치 참여율이 높은 선진국일수록 학생들은 학업 성취와 태도에 있어서 전형적인 성별 차이를 보였다.[108] 다시 말하면, 전공과 직업을 선택함에 있어서 타고난 성별 성향과 선호도가 영향을 끼친다는 것이다. 즉, 여성의 수가 이공계 분야에 적은 이유가 가부장제로 인한 구조적인 성차별의 결과가 아니라 타고난 성향에 따른 선택의 결과라는 것이다. 타고난 성과 이에 따른 성별 성향과의 높은 상관관계에 대한 연구결과는 쉽게 찾아볼 수 있다.

이제는 뿌리 깊은 성차별적 구조 운운하며 타고난 차이를 차별로 몰아가며 억지로 할당제를 적용시키는 불합리함은 이제 좀 지양해야 한다. 현재 2030 젊은 세대들은 부모 세대들이 느꼈던 성차별을 느끼지 못하며 자라난 세대들이며, 심지어 교육 영역에서는 여학생들의 평균점수가 남학생의 평균점수를 웃돌고, 대학 진학률은 2020년도 기준 여학생이 81.4%, 남학생이 76.4%를 보일 정도로 현재 우리는 여성 상위시대를 살아가고 있다. 몇십 년 전에 있었던 성차별 논리를 현재 젊은 세대들에게 적용시키는 것은 매우 시대착오적인 발상이다. 이제는 억지 숫자 맞추기 놀이에서 벗어나 남녀의 타고난 차이를 인정하며 그들이 자유롭게 능력껏 그들의 삶을 살 수 있는 환경을 만들어줄 수 있는 방안을 모색할 때이다. 그것이 진정한 양성평등이 아니겠는가.

❷ 통계의 오류

이번 섹션은 페미니스트들이 줄기차게 사용하는 통계의 문제점들을 살펴보도록 하겠다.

오류 1: 성불평등지수(GII) 10위 vs. 성 격차지수(GGI) 102위

유엔개발계획(UNDP)이 전 세계 189개국을 대상으로 조사한 2020년 성불평등지수(GII)에서 한국은 0.064점(0점에 가까울수록 평등하다)을 얻어 세계 10번째로 양성평등한 나라로 발표되었다.

가장 양성평등한 나라로 꼽힌 곳은 스위스였고, 덴마크와 네덜란드, 스웨덴, 벨기에 등 유럽 국가들이 뒤를 이었다. 한국은 2020년 기준 2년 연속으로 10위를 차지해 아시아 국가 중에서 가장 높은 순위를 기록했다. 이 순위는 세계경제포럼이 매년 발표하는 '성 격차지수(GGI)'에서 2020년 한국이 155개국 중 102위(필리핀 17위)를 기록한 것과는 상당히 상반된 수치이다. 이처럼 큰 차이가 나는 이유는 두 조사가 다루는 통계지표 범위와 산출방식이 달라서다.

성불평등지수(GII)는 해당 국가 여성의 삶의 질이 어떤지 '절대평가' 하는 지표다. 구체적으로는 출생 10만 명당 임신·출산 합병증으로 인한 사망자 수(모성사망비), 15~19세 여성 인구 1,000명당 출산율(청소년 출산율), 여성의원 비율, 중등교육 이상을 받은 인구, 경제활동참가율 등 5개 지표가 순위 산출에 활용된다. 그리고 이 지수에는 성별 임금 격차와 같은 남녀 차이를 반영하는 지표들은 반영되지 않는다.

  한국의 경우 청소년 출산율이 매우 낮다는 점이 성불평등지수 순위를 끌어올리는 데 영향을 끼친다. 그러나 올해 10위권 안에 든 다른 국가들과 한국의 성적표를 비교해 보면 한국은 청소년 출산율을 제외한 모든 지표에서 다른 나라보다 뒤처졌다. 10위권 국가들의 모성사망비 평균은 6명이었지만 한국은 11명이었다. 평균 여성의원 비율은 35.5%인 반면 한국의 여성의원 비율은 17%에 불과했다.

  중등교육 이상을 받은 여성의 비율과 여성 경제활동참가율도 각각 89.8%, 52.1%로 10위권 평균(92.7%, 58.1%)보다 낮았다. 그런데 이 지표에서 간과한 부분은 세대 구분 없이 모든 여성을 한데 모아 평균을 냈다는 점이다. 우리나라는 급속도로 경제성장을 이룬 나라로서 연령별 여성들의 경제활동 참가율에 있어서 큰 차이를 보이고 있다. 예를 들어, 경제성장의 초창기에 어린 시절을 보냈던 60대 이상의 여성들 가운데 중등교육을 받지 않았거나 경제활동에 대한 경험이 낮은 여성들이 많은 반면, 대부분의 20~30대 여성들은 중등교육 이상을 받았으며 경제활동 참가율은 월등히 높다. 그러나 세대 간

비율을 전혀 고려하지 않은 평균 비율은 현재 경제활동을 하고 있는 여성들이 충분히 반영되지 않는 문제를 갖고 있다.

유독 청소년 출산율만 1.6명으로 평균(4.62명)보다 크게 낮아 10위 권 안에 들 수 있었다. 청소년 출산율이 주요 지표 중 하나인 이유는 이른 출산이 여성들의 교육기회를 제한하기 때문이다. 하지만 한국 의 청소년 출산율이 낮은 이유가 사회적으로 청소년의 성과 혼외출 산을 금기시하기 때문이라는 점을 고려하면, 이 지표가 성평등 순위 에 결정적 영향을 끼치는 게 적절하지 않다는 지적도 나온다.

반면 성격차지수(GGI)는 국가의 개발 수준이나 절대적 여성인권 수준이 아닌 '국가 내 성별 격차'에 따라 순위가 달라지도록 설계돼 있다. 경제참여도와 참여기회, 교육성취도, 건강과 생존, 정치 권한 등 4개 부문과 14개의 세부 측정지표에서 국가별로 남성의 지위를 1로 놓고 이를 기준으로 여성과의 격차를 측정한다. 작은 차이를 보 이는 국가에 높은 순위를 부과한다.

그런데 이러한 격차지수 산출방식에 따르면 한국은 여성의 경제 활동 참가율과 정치적 대표성이 낮은 데다 성별 임금격차가 커서(성 별 임금격차 산출방식에도 문제가 있는데 이는 바로 뒷부분에서 다루겠다) 결과 적으로 낮은 평가를 받았다. 또한, 교육성취도 부문에서 우리나라는 어느 나라 못지않게 남녀 불문하고 높은 교육열을 보이고 있음에도 불구하고 2021년 기준 104위라는 낮은 순위를 받았다. 중등 취학률 지표에서 1점 만점 중 0.996의 거의 만점에 가까운 점수를 받았음에도 불구하고 108위를 기록한 이유는 1점을 받은 국가가 19개국에 달했고 국가별 지수 차이가 매우 미비하게 나타났기 때문이다.

단순 격차 점수를 기준으로 한 순위 설정의 맹점은 건강과 생존 분야에서도 드러난다. 우리나라는 출생 성비 지표 부분에서 2021년 0.944점을 받아 1위를 기록했다. 그런데 2018년에는 2020년도 기준 0.009점 낮은 점수인 0.935점을 받아서 거의 최하위 수준인 137위를 기록했다. 현재 우리나라는 남아 선호에 의해 출생 성비 불균형이 발생하거나 성별 선택에 의한 출생 성비 왜곡이 더 이상 크게 문제되지 않는 상황인 데다 2년 사이에 큰 점수 폭이 발생하지 않았음에도 순위가 135단계나 차이가 나는 현상을 볼 때, 단순 지수와 순위가 우리나라의 실제 상황을 제대로 반영하지 못한다고 볼 수 있다.

그리고 이 지수는 각 국가의 사회·경제 수준과 상관없이 여성의 사회적 지위가 낮더라도 남성도 비슷하게 나쁘다면 높은 점수를 받는다는 문제가 있다. 예를 들어, 인권유린이 심한 후진국은 남성들의 인권도 매우 낮기 때문에 남녀 간의 격차가 매우 적다. 내전으로 인해 강간율이 높은 르완다가 성격차지수 세계 6위, 강간율 1위 국가인 남아프리카 공화국이 19위라는 황당한 순위만 봐도 성격차지수의 순위를 근거로 성별 불평등을 주장하는 것은 적합한 접근 방식이 아니라는 것을 알 수 있다.

오류 2: 성별 임금격차

『2019년 한국의 성평등보고서』에서 여성임금이 '남성임금의 67.7% 수준'이라고 보고하고 있는데 이 수치는 페미니스트들에 의해 성별 불평등의 근거 자료로서 수도 없이 남용되고 있다. 그러나 이 수치는 문제가 많다. 우선적으로, 여성가족부도 인정하고 있듯이 이 통계는 "직군별, 근로시간별 등을 분리하지 않은 단순 남녀임금의 중앙값을 기준으로 분석한 것"이며 "직종별, 기업별 월급여액에 차이가 있으며, 이에 현재 제공되는 임금격차가 이러한 세부적인 부분까지는 반영하지 못한다."[110] 일반화의 오류를 인정하고 있음에도 불구하고 여성가족부와 페미니스트들은 여전히 이 통계를 성별 불평등의 강력한 근거로 제시하고 있다.

그러나 임금격차를 논하기에 앞서 임금에 미치는 지표인 성별 이외에도 근속연수, 학력, 연령계층, 직종선택, 정규직/비정규직, 회사 규모, 노동 강도, 노동 시간 등의 다양한 변수들도 함께 고려해야 한다. 그리고 같은 직종이라 하더라도 더 긴 노동 시간과 강한 노동 강도의 영역에 종사하는 남성이 상대적으로 더 많으며, 이로 인해 남성의 임금이 대체로 더 높다는 점도 고려해야 한다. 그런 변수들을 다 통제했을 때 남녀 임금격차는 실제 얼마 나지 않는다는 결론에 도달한다.[111]

   그리고 실제 여성들은 직장에서 임금격차를 얼마나 피부로 느끼고 있을까? 페미니스트들이 주장하듯 실제로 여성들이 성차별이라고 느낄 정도로 임금격차를 경험하고 있는가? 한국여성정책연구원의 「여성가족패널」에서 제공하는 '직장 성차별에 대한 견해'에 대한 통계에 의하면 81.1%의 직장 여성들이 급여지급에 대해서 성차별을 느끼고 있지 않다고 응답했다('별로 그렇지 않다'는 54.6%, '전혀 그렇지 않다'는 26.5%).[112] '대체로 그렇다'고 응답한 여성은 17.3%, 그리고 '정말 그렇다'고 응답한 여성은 1.6%에 불과했다. 즉, 페미니스트들이 주구장창 물고 늘어지는 임금격차가 실제로는 큰 문제로 여겨지지 않는다는 사실이다. 결국 페미니스트들은 67.7%라는 지표 산출 과정에서 평균의 오류를 범하고 있을 뿐 아니라, 뿌리 깊은 성차별이라는 이미 정해놓은 결론에 끼워 맞추기 위해 수치를 왜곡 해석하는 오류를 범하고 있다.

   임금 차이를 성차별로 오해하면 안 된다. 만약 임금격차가 실제 발생하는 거라면 이익을 추구하는 기업 입장에서는 여성의 고용 비율을 높여 더 많은 수익을 올리지 굳이 그런 수익을 마다하고 임금이 높은 남성을 고용하지 않을 것이다.

여기에서 또한 페미니스트들이 간과한 점은 의외로 많은 여성이 직장을 그만두고 주부로서의 삶을 자발적으로 선택한다는 것이며, 어느 정도 자녀들을 양육한 후 육아 및 가사, 그리고 자녀를 돌보기 위해 비정규직을 선호한다는 것이다.[113] 또한, 직장으로 복귀하고자 하는 여성들은 페미니스트들의 주장과는 다르게 상당수(2019년 기준 83.3%)의 여성이 시간제가 아닌 전일제 직장을 가질 수 있었다는 것이다. 2019년 기준 전일제 일자리로 복귀한 여성은 응답자의 83.3%에 해당하고 시간제에 종사하는 여성은 15.7%에 불과했다.

경력단절 이후 첫 일자리 형태[114]

응답자 특성별(1)	응답자 특성별(2)	2019		
		사례 수 (명)	전일제 (%)	시간제 (%)
전체	소계	1,690,489	83.3	16.7
연령별	만25~29세	67,795	83.6	16.4
	만30~39세	344,423	74.9	25.1
	만40~49세	861,964	84.4	15.6
	만50~54세	416,307	87.7	12.3

이러한 수치를 종합해 보면, 다수 여성은 결혼과 출산 및 양육을

위해 기꺼이 직장을 그만두고 가정에 집중하기 원하고, 자녀 양육 후 직장으로 복귀하고자 할 경우 집안일과 병행할 수 있는 시간제를 선택하고 있으며, 전일제를 원할 경우 전일제 일자리를 큰 어려움 없이 구할 수 있었다. 그리고 무엇보다도 실제 대부분 여성은 임금 격차에 큰 의미를 두고 있지 않으며. 돈을 버는 것보다 자녀 양육을 더 가치 있는 것으로 생각한다는 것이다.

그러나 여성가족부는 기혼여성들이 알아서 일과 가정의 균형을 맞추며 잘살고 있다는 사실은 전혀 간과한 채, 논란도 많은 67.7%의 임금격차 통계에 대한 일방적인 원인분석과 함께 다음과 같은 황당한 결론을 내린다. 임금격차는 "출산·육아 등으로 인한 경력단절 후 재취업할 경우, 종사상 지위가 낮고 고용안정성이 떨어지기 때문"이며 이에 따라 "제3차 경력단절여성 등의 경제활동촉진 기본계획 (20~24년)을 지속 추진하여 여성인력의 경제활동 참여 촉진 및 효율적 활용 도모해야 된다"는 것이다.[115] 대다수 여성이 문제 삼고 있지도 않은 경력단절을 해결하겠다고 쓸데없는 계획을 추진하고 있는 것이다.

그런데 이미 여성가족부는 경력단절을 해결한다는 명목으로 2016년부터 '여성새로일하기센터(새일센터)'를 운영하며 막대한 예산을 쏟아붓고 있었다는 사실을 알고 있는가. 2018년 기준 새일센터 고용서비스에 투입된 예산은 무려 193억 원이나 된다. 그러면 실제 사업성과는 어떠했을까? 새일센터를 통해 취업한 비율은 고작 9.3%에 불과했으며, 취업하는 데 소요된 시간이 109일이나 걸렸다. 이는 같은 해 고용노동부의 지원을 통한 취업률이 23.3%이며 취업 소요 기간이 95.2일로 14일이 덜 소요된 것과 비교했을 때 턱없이 낮은 성과이다. 그뿐 아니다. 센터의 지원을 통해 취업 후 1년 이상 고용을 유지하는 비율은 고작 전체 취업자의 26.4%에 그쳤고 임금은 정규직 초임 기준의 84.5%인 월 139만 원 수준이었다.[116]

 그럼 얼마나 많은 여성이 경력단절 이후 첫 일자리를 얻기 위해 새일센터를 이용했을까? 2019년 기준 고작 1.5%의 여성들만이 이용했으며 92.7%의 여성들은 어떤 기관이나 프로그램의 도움 없이 일자리를 잡을 수 있었다고 응답했다.[117] 또한, 경력단절 이후 첫 일자리를 얻는 데 가장 도움이 된 취업지원서비스에 대한 질문에 새일센터라고 응답한 여성이 4.9%밖에 되지 않았으며 오히려 지인(50.3%)이나 취업포털사이트(21.4%)를 이용하여 스스로 취업한 여성들이 절대다수였다.[118]

 여성가족부가 막대한 예산을 투입해서 제공한 형편없는 양질의 일자리는 페미니스트들이 문제 삼는 경력단절과 임금격차 문제를 악화시키는 결과를 가져왔다. 경력단절과 임금격차를 해결한답시고 국민의 혈세만 낭비한 꼴이다. 여성가족부가 경력단절 여성을 위한 인력투입과 프로그램 개발에 쓸데없이 돈 낭비하는 사이에 여성들은 스스로 직장을 찾아 돈을 벌고 있다. 우리나라 여성들은 여성가족부가 생각하는 것처럼 무능력한 바보가 아니다.

나가면서

　빠른 경제성장과 함께 우리나라의 여성들의 사회적 위치도 상당 부분 향상되었다. 남녀의 차별도 특별히 눈에 띄게 존재하는 시대는 지났다. 여성이라는 이유로 교육의 기회를 박탈당하거나 직장을 얻지 못하는 경우는 거의 찾아볼 수 없다. 이제 여성들은 피해의식에서 벗어나 남녀의 기능적 차이를 인정하고 성차별이라는 왜곡된 색안경을 끼고 세상을 바라보는 것을 지양할 때가 되었다.

　나 자신의 의가 팔팔하게 살아 있는 상황에서 상대방을 탓하고 사회구조를 탓하는 것은 결코 남녀 갈등의 문제에 해결을 가져올 수 없다. 가부장제 타파를 해결책으로 볼 것이 아니라 이제는 남녀 서로의 부족한 점을 보완해나가며 서로의 차이를 인정하며 더불어 살 수 있는 방법을 모색해야 할 때다.

　이제 우리나라는 상당한 수준의 양성평등을 이루었다. 여성들은 본인의 능력을 자유롭게 발휘할 수 있고 마음껏 교육 및 경제활동에 참여할 수 있다. 물론 아직도 보완 해 나가야 할 부분이 남아 있는 것이 사실이다. 그러나 이제는 여성들이 스스로 해결해 나갈 수 있도록 놔 줘야 할 때이다. 더 이상 여성을 피해자로, 무조건 배려를 받아야 할 나약한 존재로 전락시키지 말자. 여성은 그보다 더 존귀한 존재이다. 이제는 성차별의 프레임에서 벗어나 여성 남성을 한 개인으로 보고 개개인의 특징과 능력을 십분 발휘할 수 있도록 하자. 그럴 때 비로소 바람직한 양성평등의 사회가 오지 않을까. 페미니즘을 넘어 그러한 사회가 곧 도래하길 기대한다.

미주

1. 페미니즘의 기원과 흐름

1) Jean Jacques Rousseau. *Emile*. 1762, trans. B. Foxley. London: Dent. 1995. 328.

2) 메리 울스턴크래프트. 『여성의 권리옹호』. 1791. 문수현 옮김. 서울: 책세상, 2018.

3) "가정의 천사"라는 문구는 당시 커번트리 팻모어(Coventry Patmore)가 자신의 아내를 모델로 삼아 쓴 시 「집안의 천사(The Angel in the House)」(1854)에서 유래되었는데 이 시에서 그는 빅토리아 시대의 이상적인 여성의 이미지를 나열한다. Coventry Patmore. *The Angel in the House*. London: Cassell & Company, 1891. 75-6.

4) Elaine Showalter. *The Female Malady: Women, Madness, and English Culture, 1830-1980*. New York: Pantheon, 1985. 54.

5) Joan Perkin. Women and Marriage in Nineteenth-Century England. London: Routledge, 1989. 7-8.

6) Schulamith Firestone. *The Dialectic of Sex: The Case for Feminist Revolution*. New York: William Morrow&Co., 1970. 11.

7) 앞의 각주 6)의 책 72, 202.

8) 앞의 각주 6)의 책, 198.

9) 「레드스타킹 선언문 1969.07.07.」『페미니즘 선언: 레드스타킹부터 남성거세결사단까지 드센년들의 목소리』. 기획·번역 한우리. 서울: 현실문화, 2016. 43-47.

10) Betty Friedan. *The Feminine Mystique*. New York: Norton, 1963. 2.

11) Gloria Steinem. "Revving Up for the Next Twenty-Five Years(향후 25년간 활기를 띠다)." *Readings for Diversity and Social Justice: An Anthology on Racism, Sexism, Classism, Anti-Semitism, Heterosexism, and Ableism*. New York: Taylor & Francis, 2000. 256.

12) 「레드스타킹 선언문 1969.7.7.」『페미니즘 선언: 레드스타킹부터 남성거세결사단까지, 드센년들의 목소리』 기획·번역 한우리. 서울: 현실문화, 2016. 43-50.

13) Witherspoon, Joseph P. "Representative Government, the Federal Judicial and Administrative Bureaucracy, and the Right to Life." *Texas Tech Law Review* 6(1975): 363-384.

14) Esteban Ortiz-Ospina and Max Roser. "Marriages and Divorces", *OurworldinData. org.* visited March 16, 2021. https://ourworldindata.org/marriages-and-divorces#divorce-rates -increased-after-1970-in-recent-decades-the-trends-very-much-differ-between-countries.

15) Sally C, Curtin and Paul D. Sutton. "Marriage rates in the United States, 1900-2018." *Health E-Stats* (April, 2020): 4.

16) Brady E. Hamilton, "QuickStats: Expected number of births over a woman's lifetime-National Vital Statistics system, United States, 1940-2018." *Morbidity and Mortality Weekly Report* 69.1(2020): 20.

17) Benjamin, Gurrentz, "For Young Adults, Cohabitation is Up, Marriage is Down", *United States Census Bureau*, last modified Nov. 11, 2018. https://www.census.gov/library/ stories/2018/11/cohabitaiton-is-up-marriage-is-down-for-young-adults.html.

18) Sara Mclanahan and Christopher Jencks. "Was Moynihan Right? What Happens to Children of Unmarried Mothers." *Education Next* 15.2(2015): 14-20.

19) Fix Family Courts. "Fatherless Single Mother Home Statistics."last modified March 20, 2017. https://www.fixfamilycourts.com/single-mother-home-statistics/.

20) Phyllis Schlafly. *Who Killed the American Family?* WND Books, 2016. 26.

21) Allan Bloom. *Closing of the American Mind.* New York: Simon & Schuster, 1987. 190.

22) Judith Butler. *Gender Trouble: Feminism and the Subversion of Identity.* Routledge: New York, 1999. viii.

23) 앞의 각주 22)번, ix.

24) 앞의 각주 22)번, viii.

25) 앞의 각주 22)번, xix.

26) 앞의 각주 22)번, 33.

27) 앞의 각주 22)번, xi.

28) 앞의 각주 22)번, 30.

29) 앞의 각주 22)번, 11.

30) 안티고네는 소포클레스의 비극 『안티고네』의 여주인공이며 소포클레스의 유명한 비극인 『오이디푸스 렉스』의 주인공 오이디푸스와 그의 어머니 이오카스테 사이에서 낳은 딸이자 그의 여동생이다.

31) John E. Seery. "Acclaim for Antigone's Claim Reclaimed(or, Steiner contra Butler)."*Judith Butler's Precarious Politics: Critical Encounters.* Eds. Terrell Carver and Samuel A. Chambers. Routledge: London, 2008. 62-76.

32) 시리가 나열한 수십 가지의 일탈적 성적 관행은 다음과 같다. 간통, 일부다처제, 중혼(bigamy), 다른 인종 간 출산(miscegenation), 소아성애, 시체성애, 수간, 동물성애, 식인, 이혼, 후궁, 노예화, 페티시즘, 창녀, 흉악, 사디즘, 마조히즘, 사도마조히즘, 가학 성애, 자위, 트랜스섹슈얼리즘, 트랜스젠더리즘, 복장도착증, 자웅

동체, 가성반음양(pseudo-hermaphroditism), 남녀양성(androgyny), 여성 위반음양 (gynandry), 색정증 등.

33) April S. Callis. "Playing with Butler and Foucault: Bisexuality and Queer Theory." *Journal of Bisexuality* 9.3-4(2008): 213-233. 본 논문의 저자는 버틀러와 푸코를 근거로 본인의 양성애 주장을 강화하고 있다.

34) Ann Tweedy. "Polyamory as a Sexual Orientation." *University of Cincinnati Law Review* 79.4(2011): 1461-1515. 이 논문에서 앤 트위디는 다자성애(polyamory) 도 성적 지향 중 하나라고 주장하면서 주디스 버틀러와 미셸 푸코의 성에 대한 개념을 주된 논거로 삼고 있다.

35) J. Kilby. "Judith Butler, Incest, and the Question of Child's Love." *Feminist Theory* 11.3(2010): 255-265.

36) Carmen Dell'Aversano. "The Love whose Name Cannot be Spoken: Queering the Human-Animal Bond." *Journal for Critical Animal Studies* 8.1/2(2010): 73-125. 본 논문의 저자는 수간의 정당화 주장의 근거로 버틀러를 언급하고 있다.

37) Anna Chiara Corradino. "Performing Necrophilia: forms of female dominance in Kissed by Lynne Stopkewich, Nekromantik and Nekromantik 2 by Jörg Buttgereit." *A Transdisciplinary Hournal of Queer Theories and Studies* 3(2020): 373-400. 이 논문은 세 작품 속에 나타나는 여성의 시체성애를 성우월주의를 은폐하기 위한 행위의 표현으로 주장하면서 버틀러의 젠더 수행성 개념을 지속적으로 인용하고 있다.

38) Judith Butler. "Judith Butler: Your Behavior Creates Your Gender." *Big Think*. last updated 2011.06.07. <https://www.youtube.com/watch?v=Bo7o2LYATDc>. 버틀러의 젠더 개념의 위험성에 대한 논쟁은 20여 년이 넘게 진행되고 있다. 이미 버틀러의 젠더의 허구성에 대항하여 유럽(프랑스, 독일, 슬로바키아, 헝가리, 폴란드, 바티칸 교황청 등)과 남미(브라질, 칠레, 멕시코, 코스타리카 등) 등지에서 반-젠더 운동이 한창이다.

39) 성적지향, 성별 정체성에 대한 차별금지법이 통과된 나라로는 유럽진영에는 네덜란드(2001), 벨기에(2003), 스페인(2005), 노르웨이(2008), 스웨덴(2009),

아이슬란드(2010), 덴마크(2012), 프랑스(2013), 영국(2013), 룩셈부르크 (2014), 아일랜드(2015)가 있으며 북·남미는 캐나다(2005)를 선두로 아르헨티 나(2010), 우루과이(2013), 브라질(2013) 그리고 미국이 2015년 6월 26일 미연 방대법원이 동성결혼을 합법화했다. 아프리카는 남아공(2006), 오세아니아 대륙 은 뉴질랜드(2013), 호주를 포함해서 총 27개국의 나라가 차별금지법을 통과시 켰다.

2. 유엔을 통한 페미니즘의 전 지구적 확산

40) 조희원, 장재남. "유엔을 통한 여성정책의 지구화에 관한 연구."『평화학연구』. 10.4(2009): 169-190.

42) 마경희. "성주류화(gender mainstreaming)에 대한 비판적 성찰: 여성정책의 새 로운 패러다임인가? 함정인가?"『한국여성학』. 23.1(2007): 39-67.; 배은경. "젠 더 관점과 여성정책 패러다임: 해방 이후 한국 여성정책의 역사에 대한 이론적 검 토."『한국여성학』. 32.1(2016): 1-45.

43) 원래 '젠더'개념은 1950년대 성과학자 존 머니(John Money)에 의해서 트랜스 젠더리즘과 간성(intersex)을 대상으로 한 연구를 하면서 실제 타고난 성과는 구분 되는, 후천적인 영향(수술 혹은 훈련)에 의해 바뀐 성 정체성을 논함에 있어서 섹 스와는 구분되는 또 다른 용어가 필요했고, 언어학 문법의 범주 내에서만 사용되 던 '젠더'를 성과학연구 논의에 도입시켰고, 이를 기점으로 후천적인, 혹은 사회적 인 성의 의미로 정착되었다.

44) Rebecca J. Cook and Mahmoud F. Fathalla. "Advancing Reproductive Rights Beyond Cairo and Beijing." *International Family Planning Perspectives* 22.3(1996): 115- 121.

45) Françoise Girard, "Negotiating Sexual Rights and Sexual Orientation at the UN." *SexPolitics: Reports from the Frontlines.* Richard Parker, Rosalind Petchesky and Robert Sember eds. Sexual Policy Watch, 311-358, 322.

46) Lara Knudsen. *Reproductive Rights in a Global Context: South Africa, Uganda, Peru,*

Denmark, United States, Vietnam, Jordan. Nashville: Vanderbilt University Press, 2006. 7.

47) Rosalind Petchesky. "From Population Control to Reproductive Rights: Feminist Fault Lines." *Reproductive Health Matters* 6(Nov. 1995): 152-61. 152.

48) "Program of Action." *International Conference on Population and Development*, Cairo. 5-13 September, 1994. https://www.unfpa.org/sites/default/files/event-pdf/PoA_en.pdf, 45.

49) 앞의 각주 48)번, 153.

50) 강선혜. "우리나라 여성정책의 성과 및 평가: 『북경+10』 성과 및 평가." 『젠더리뷰』. 8.4(2005): 26-34.

51) Correa S, Germain A, Sen G. "Feminist mobilizing for global commitments to the sexual and reproductive health and rights of women and girls." *Women and Girls Rising: Progress and Resistance around the World.* Ed. E Chesler, T McGovern. London: Routledge, 2016. 51-68.

52) "Coordination Segment: Coordination of the Policies and Activities of the Specialized Agencies and Other Bodies of the United Nations System." http://www.un.org/womenwatch/osagi/pdf/ECOSOCAC1997.2.PDF.

53) Paragraph 95, 96. United Nations. *Report on the Fourth World Conference on Women.* Beijing, 4-15 September 1995. 36.

54) Hillary Rodham Clinton, First Lady. "Remarks for the United Nations Fourth World Conference on Women." Beijing, China. September 5, 1995. https://www.un.org/esa/gopher-data/conf/fwcw/conf/gov/950905175653.txt.

55) Charlotte Bunch and Susana Fried. "Beijing '95: Moving Women's Human Rights from Margin to Center." *Signs: Journal of Women in Culture and Society* 22.1(1996): 200-4.

56) Written statement submitted by the Holy See. United Nations. *Report on the Fourth*

World Conference on Women. Beijing, 4-15 September 1995. 159-162. https://www. un.org/ womenwatch/daw/beijing/pdf/Beijing%20full%20report%20E.pdf.

57) Written statement submitted by the Holy See. United Nations. *Report on the Fourth World Conference on Women*,=. Beijing, 4-15 September 1995, 159-162. https:// www.un.org/ womenwatch/daw/beijing/pdf/Beijing%20full%20report%20E.pdf.

58) United Nations. *Report of the Fourth World Conference on Women*. Beijing, 4-15 September 1995. A/CONF/177/20/Rev.1 p.162. 젠더에 대한 교황청의 입장문 전문은 <첨부 2>를 참고할 것.

59) Francoise Girard. "Negotiating Sexual Rights and Sexual Orientation at the UN"*SexPolitics: Reports from the Frontlines. Eds. Richard Parker, Rosalind Petchesky and Robert Sember*. Rio De Janeiro: Sexuality Policy Watch, 2015. 311-358. 322.

3. 우리나라에 깊이 스며든 페미니즘

60) 1952년 여성문제연구원 설립을 시작으로 1959년 한국여성단체협의회 창설, 1969년 크리스챤아카데미 설립을 통해서 여성계몽 및 여성운동이 진행됐다. 그러다가 1980년대 이후 한국여성단체협의회를 중심으로 본격적인 권력화가 시작되었다.

61) 여성학은 대학을 중심으로 뿌리를 내리면서 페미니즘 의식이 확산되었다. 1977년에는 이화여자대학교 여성학과, 1984년 한국여성학회가 창설되기 시작하면서 수많은 페미니스트 이론가들과 여성활동가들을 배출되기 시작했다.

62) Hester Einstein은 페모크라트를 "정부의 관료적 일을 하는 페미니스트들"이라고 정의하고 있으며(Hester Einstein. "Femocrats, Official Feminism and the Uses of Power"Playing the State: Australian Feminist Interventions. Sophie Watson ed. Verso, New York, 1991. 87-103.) Franzway 외 학자들은 페미니스트를 국가에 투입시켜 페미니즘 이념을 국가에 반영하도록 영향을 행사하기 위한 일종의 페미니즘적 "전략의 창조물"(S. Court Franzway et al. Staking a Claim: Feminism, Bureaucracy and the State. Sydney: Allen & Unwin, 1989. 133).

63) 김경희. "한국 여성정책의 변화와 페모크라트의 출현."『여성연구논총』 5(2006): 1-28.

64) 장미경. "여성운동과 정책참여(1987년 이후-현재)."『시민사회와 NGO』 2.1(2004): 201-233. 208.

65) 「양성평등기본법」 법률 제17284호, 2021.05.19. 일부 개정.

66) 「성인지교육법 지원 법안」, 제2조(정의) 1항. 권인숙 대표 발의. 2021.03.25.

67) 국회예산정책처.『2021년도 성인지 예산서 분석』. 2020.10. pp.13-14.

68) 국회예산정책처.『2021년도 성인지 예산서 분석』. 2020.10. pp.18-19.

69) 국회예산정책처.『2021년도 성인지 예산서 분석』. 2020.10. p.25.

70) "Proclamation of Teheran". International Conference on Human Rights. 1968. http://www.unhchr.ch/html/menu3/b/b_tehern.htm Archived from the original on 21 April 1997. Retrieved 21 April 2021.

71) 유엔아동권리협약, UNICEF, https://www.unicef.or.kr/ebook/crc-publications/749/8.

72) 유엔아동권리협약, UNICEF, https://www.unicef.or.kr/ebook/crc-publications/749/10.

73) 「형법」 제27장 낙태의 죄

제269조(낙태)

① 부녀가 약물 기타 방법으로 낙태한 때에는 1년 이하의 징역 또는 200만 원 이하의 벌금에 처한다. <개정 1995. 12. 29.>

② 부녀의 촉탁 또는 승낙을 받아 낙태하게 한 자도 제1항의 형과 같다. <개정 1995. 12. 29.>

③ 제2항의 죄를 범하여 부녀를 상해에 이르게 한때에는 3년 이하의 징역에 처한다.

사망에 이르게 한때에는 7년 이하의 징역에 처한다. <개정 1995. 12. 29.>

제270조(의사 등의 낙태, 부동의 낙태)

① 의사, 한의사, 조산사, 약제사 또는 약종상이 부녀의 촉탁 또는 승낙을 받아 낙태하게 한 때에는 2년 이하의 징역에 처한다. <개정 1995. 12. 29.>

② 부녀의 촉탁 또는 승낙 없이 낙태하게 한 자는 3년 이하의 징역에 처한다

③ 제1항 또는 제2항의 죄를 범하여 부녀를 상해에 이르게 한때에는 5년 이하의 징역에 처한다. 사망에 이르게 한때에는 10년 이하의 징역에 처한다. <개정 1995. 12. 29.>

④ 전 3항의 경우에는 7년 이하의 자격정지를 병과한다.

74) 「모자보건법」 제15조(인공임신중절수술의 허용한계) [전문개정 2009. 7. 7.]

① 법 제14조에 따른 인공임신중절수술은 임신 24주일 이내인 사람만 할 수 있다.

② 법 제14조제1항제1호에 따라 인공임신중절수술을 할 수 있는 우생학적 또는 유전학적 정신장애나 신체질환은 연골무형성증, 낭성섬유증 및 그 밖의 유전성 질환으로서 그 질환이 태아에 미치는 위험성이 높은 질환으로 한다.

③ 법 제14조제1항제2호에 따라 인공임신중절수술을 할 수 있는 전염성 질환은 풍진, 톡소플라즈마증 및 그 밖에 의학적으로 태아에 미치는 위험성이 높은 전염성 질환으로 한다.

75) 1960년대에 6.0명이었던 출산율이 1970년대에는 4.5명, 1980년대에는 2.8명, 그리고 1990년대에는 1.6명으로까지 하락하면서 인구 대체율인 2.1명을 밑돌기 시작했다. 2005년부터 인구장려 정책으로 전환했지만 인구는 지속적으로 감소하여 2020년 0.92명, 2021년 현재에는 0.84명으로까지 떨어져 세계 최저 수준이다.

76) 저출산·고령사회 중장기계획(2006~현재)

제1차(2006~2010) 저출산 극복을 위한 단초가 마련되고 고령자의 삶의 질 향상

을 위한 제도적 기반 구축

제2차(2011-2015) 국가책임보육 실현, 임신·출산 지원 강화, 일·가정 양립 제도 확충 등 출산·양육에 대한 국가·사회의 책임 강화

제3차(2016-2020) 경제적 요인으로 만혼·비혼 추세가 심화됨에 따라 일자리, 신혼부부 주거 지원 등 구조적 대응 시도

제4차(2021-2026) 저출산·고령사회 정책 범위를 출산장려에서 "전 생애 삶의 질을 제고"하기 위한 종합적 대응으로 확장

77) 양연희. 「우리나라 여성 34% "모든 낙태 반대"… 73%는 "임신 10주 이내 낙태만 허용해야."」『펜앤드이크』. https://www.pennmike.com/news/articleView.html?idxno=36644.

78) 보건복지부 출산정책과, 「인공임신중절 관련 모자보건법 개선입법 방안」. 2020.10.06.

79) 「여가부, "낙태죄 폐지해야"헌배에 의견 제출…정부 부처 처음」. 『중앙일보』 2018.05.23. https://www.joongang.co.kr/article/22645945#home.

80) 최정수 외. 「인공임신중절실태와 정책과제」. 한국보건사회연구원. 2010.12.30.

81) 보건복지부에서 2018년 한국보건사회연구원에 의뢰하여 만 15~44세 여성 1만 명을 대상으로 2018. 9.~10. 온라인 조사를 실시한 '인공임신중절 실태조사 (2018년)'

82) 「건강가정기본법」 개정안에 대한 논의는 『교회와 법』 8권 1호(2021년 8월)에 게재된 논문을 일부 수정하였음.

83) 이재경, "한국 가족은 '위기'인가?: '건강가정'담론에 대한 비판", 『한국여성학』, 20.1(2004): 231; 송혜림, 성미애, 진미정, 이승미, "건강가정 개념에 대한 논의", 『한국가정관리학회지』, 23.6(2005): 180; 정민자, "건강가정육성기본법(안)의 입법 방향과 내용", 『가족해체방지 및 건강가정 육성 지원을 위한 공청회 자료집』, (한나라당 정책위원회, 2003), 165; 차선자, "건강가정기본법에 대한 고

찰", 『가족법연구』, 18.2(2004): 379.

84) 한국여성단체연합. "여성주의적 관점이 결여된 가족 관련 기본법 제정을 반대한다", (2003. 11. 27. 최종) http://women21.or.kr/local/5974.

85) 앞의 각주 6), 24.

86) 김인숙. "건강가정기본법 제정과정에 나타난 가족 및 가족정책 담론," 『한국사회복지학』, 59.3(2007): 262.

87) 이재경. "한국 가족은 '위기'인가?: '건강가정'담론에 대한 비판", 『한국여성학』, 20.1(2004): 237.

89) 김인숙. "가족지원기본법(안) 제정의 배경과 내용", 『무너지는 한국사회와 가족, 복지 인프라의 구축이 시급하다』, 한국사회복지학회 정책토론회, 2003, 1-29.

4. 페미니즘의 허구성: 핵심 키워드 및 통계의 오류 분석

90) Sylvia Walby. Theorizing Patriarchy. Oxford: Basil Blackwell. 1990. 2.

91) 앞의 각주 90)번, 41.

92) Mary Daly. *Gyn/Ecology: The Metaethics of Radical Feminism*. Boston: Beacon, 1978. 39.

93) 시몬 드 보브아르는 『제 2의 성』(The Second Sex)에서 "여성은 태어나는 것이 아니라 만들어지는 것이다"(One is not born, but rather becomes a woman)(상, 392)라는 유명한 명제를 남기면서 2세대 페미니즘의 기초를 다지는 데 큰 영향을 끼쳤다; 시몬 드 보브아르. 『제 2의 성』(을유 문화사, 2019) (1949).

94) 앞의 각주 93)의 책, 상 281.

95) 앞의 각주 93)의 책, 하 521.

96) 「레드스타킹 선언문 1969.7.7.」 『페미니즘 선언: 레드스타킹부터 남성거세결사단까지, 드센년들의 목소리』 기획·번역 한우리. 서울: 현실문화, 2016. 43-47.

97) "'여아 분홍·남아 파랑 구분은 성차별'…인권위에 진정."『연합뉴스』 2021.01.02. https://www.yna.co.kr/view/AKR20200102045800004.

98) 남녀가 보이는 성별 차이는 타고난 것이라는 주장을 하는 수많은 논문 중 몇 개만 적어보면 다음과 같다. City University. "Infants prefer toys typed to their gender, says study." *ScienceDaily*. 15 July 2016. <www.sciencedaily.com/releases/2016/07/160715114739.htm>; Brenda K. Todd, John A. Barry, Sara A. O. Thommessen. "Preferences for 'Gender-typed' Toys in Boys and Girls Aged 9 to 32 Months." Infant and Child Development 26.3(2017); Debra Spencer et al. "Prenatal Androgen Exposure and Children's Gender-typed Behavior and Toy and Playmate Preferences." Hormones and Behavior. 127(Jan 2021). https://doi.org/10.1016/j.yhbeh.2020.104889.

99) 국가통계포털. "경력단절 당시의 일자리를 그만둘 당시 일을 계속할 수 있었는데 그만둔 것인지 여부."최종 갱신일 2020.07.13. https://kosis.kr/statisticsList/statisticsListIndex.do? publicationYN=Y&statId=2018055 #ontent-group.

100) 국가통계포털. "출산할 의향이 없는 이유."최종 갱신일 202007.13. https://kosis.kr/statisticsList /statisticsListIndex.do?vwcd=MT_ZTITLE&menuId=M_01_01#content-group.

101) "영국인이 뽑은 가장 행복한 직업… '전업주부'가 1위."『뉴시스』 2016.06.12. https://news.naver.com/main/read.naver?mode=LSD&mid=sec&oid=003&aid=0007284151&sid1=001.

102) 통계청 국가통계포털. "승진자 중 여성의 비율."최종 갱신일 2021.06.14. https://kosis.kr/statisticsList/statisticsListIndex.do?publicationYN=Y&statId=2018055&outLink=Y&entrType=#content-group.

103) 통계청 국가통계포털. "사업체 인사관리의 성차별성."최종 갱신일 2021.05.11. https://kosis.kr/statisticsList/statisticsListIndex.do?publicationYN=Y&statId=2018055# content-group.

104) Laura Palazzani. *Gender in Philosophy and Law*. Trans. Victoria Bailes and Marina

Fella. Springer: New York, 2012. 36.

105) 이재경, 김경희. "여성주의 정책 패러다임 모색과 성평등."「한국여성학」 28.3(2012): 1-33. 16.

106) 신경아. "여성정책에서 성평등정책으로?: 젠더의 오해와 이해."「한국여성 학」. 32.4(2016): 1-36. 5.

107) Gijsbert Stoet, and David C. Geary. "The Gender-Equality Paradox in Science, Technology, Engineering and Mathematics Education." *Psychological Science* 29.4(2018): 581-593.

108) Gijsbert Stoet, and David C. Geary. "Sex-specific Academic Ability and Attitude Patterns in Students Across Developed Countries." *Intelligence* 81(2020): 1-10.

109) 여성가족부.『2019년 한국의 성평등보고서』. 한국여성정책연구원. 2019.12.

110) 여성가족부. "남성대비 여성 임금비율."『e-나라지표』. 최근 갱신일 2021.07.07. http://www.index.go.kr/potal/main/ EachDtlPageDetail.do?idx_cd=2714.

111) 미국의 노동시장조사 관련 전문업체인 페이스케일(Payscale)에 의하면 미국의 경우 2021년 기준 남성이 여성보다 평균 18% 더 받는데, 근속연수, 교육 정도, 노동시간, 노동 강도, 직종 등의 변수들을 통제하고 나면 남녀 간의 순수한 격차 는 불과 2%밖에 나지 않는다는 결론에 도달한다. (https://www.payscale.com/data/ gender-pay-gap).

112) 여성가족패널. "주요 통계표: 직장 성차별에 대한 견해."한국여성정책연구 원. 최종 접속일 2021.08.29. https://klowf.kwdi.re.kr/portal/dataSet/statsInfoPage. do?datasetId=DS_MST_ 0000000609

113) 통계청은 "경력단절 이후 첫 일자리 시간제 선택 이유"에 대해 다음과 같은 수 치를 발표했다. 해 육아 및 가사 때문이 48.3%, 자녀 돌봄, 교육이 26%를 차지했고 전일제 일자리를 찾지 못해서라는 응답은 10.4%, 내가 속한 일은 시간제밖에 없다 는 이유가 11.9%에 불과했다. 최종 갱신일 2020.07.13. https://kosis.kr/statisticsList/ statisticsListIndex.do?publicationYN=Y&statId= 2016013#content-group.

114) 통계청. "경력단절 이후 첫 일자리 형태." 최종 갱신일 2020.07.13. https://
kosis.kr/statHtml/ statHtml.do?orgId=154&tblId=DT_MOGE_3036200094&vw_
cd=MT_TM1_TITLE&list_id=A06_08&scrId=&seqNo=&lang_mode=ko&obj_var_
id=&itm_id=&conn_path=MT_TM1_TITLE&path=%252FeasyViewStatis%252Fcust
omStatisIndex.do.

115) e-나라지표. 여성가족부. "남성 대비 여성 임금 비율." 최종 갱신일: 2021.07.07.
http://www.index.go.kr/potal/main/EachDtlPageDetail.do?idx_cd=2714.

116) "송희경 의원 '새일센터 취업률 9.3%… 일자리 양·질 모두 낙제점.'" 『여성신문』.
2019.10.22. https://www.womennews.co.kr/news/articleView.html?idxno=193897.

117) 국가통계포털. "경력단절 이후 첫 일자리를 얻는 데 가장 도움이 된 취업지원
서비스>. 최종 갱신일 2020.07.13. https://kosis.kr/statisticsList/statisticsListIndex.
do?vwcd=MT_ZTITLE&menuId= M_01_01#content-group.

118) 앞의 각주 117)번.